Stefanie Carla Schäfer

Happy Woman

Vier Schritte zu dem Leben, das du wirklich willst

SCORPIO

MIX
Papier | Fördert gute Waldnutzung
FSC® C083411

Der Umwelt zuliebe
- produzieren wir zu über 90% in Deutschland
- achten wir auf kurze Transportwege
- drucken wir auf Papier aus nachhaltiger Waldwirtschaft und anderen kontrollierten Quellen

Umschlaggestaltung: Hauptmann & Kompanie Werbeagentur, Zürich,
unter Verwendung eines Motivs von Freepik
Lektorat: Ursula Kollritsch, Bad Honnef
Layout & Satz: Margarita Maiseyeva
Druck & Bindung: CPI, Leck
ISBN 978-3-95803-491-4

»Sag mir, was ist es, was du tun willst
mit deinem einen wilden, kostbaren Leben?«

MARY OLIVER

Inhalt

Vorweg

Willkommen auf dem Weg zu deinem Wunschleben

Ich freue mich sehr, dass du in diesem Moment diese Zeilen liest und dein Glück selbst in die Hand nehmen möchtest!

Denn oft suchen wir unser Leben lang das Glück und die Liebe im Außen, in der Partnerschaft, im Kind oder der Karriere, in einem idealen Körper, beim Shoppen mit der besten Freundin – nur um dann irgendwann festzustellen, dass nichts Äußeres uns wirklich dauerhaft glücklich machen kann. Kurzfristig schon, aber leider ohne lebenslange Garantie!

Wir sind Meisterinnen darin, die verschiedensten Rollen zu bekleiden, sind Freundin, Mutter, Tochter, Geliebte, Care-Workerin innerhalb der Familie, Kollegin oder Vorgesetzte, Schmusekatze, Organisatorin und vieles mehr. Doch die meisten von uns kommen früher oder später an einen Punkt, an dem sie sich fragen, wer sie eigentlich *selbst* sind oder sein wollen.

Angenommen, die Erwartungen deines Umfelds, der Familie, deines Partners und der Kinder fielen einfach mal weg, und gleichzeitig löste sich der Wunsch, geliebt zu werden und Anerkennung zu bekommen, in Luft auf: Was würdest du dann tun? Wer würdest du sein, wenn du erkennst, dass du all die Liebe, Weisheit und Kraft in dir trägst, die du brauchst, um ein Leben in Fülle und Freude zu kreieren? Was würde sich an deinem jetzigen Leben ändern, was würdest du loslassen und durch Neues ersetzen? Welche deiner Schätze und Talente würdest du ans Licht bringen und welche Träume endlich verwirklichen?

Es ist mein großer Herzenswunsch, dich an dein inneres Licht zu erinnern und zu motivieren, dein Leben so zu gestalten, wie es wirklich dir und der Sehnsucht deines Herzens entspricht: authentisch, lebendig und im Bewusstsein deiner Bedürfnisse.

Nicht weil weibliche Selbstverwirklichung dem aktuellen Zeitgeist entspricht und – im Gegensatz zu früher – durchaus möglich ist, sondern weil ich weiß, dass jede glückliche Frau eine wunderbare Bereicherung für die Welt ist. Angefangen bei ihrer Familie, ihren Kollegen und Freunden bis hin zu Begegnungen im Alltag, kann eine Frau andere mit ihrer Energie anstecken, wenn sie wahrhaft zufrieden ist. Es ist so viel gesünder, dem Kompass in deinem Inneren zu folgen, anstatt dem Perfektionismus unserer Zeit zu verfallen.

Eine Frau, die auf ihr Herz hört, schafft Verbindung, Freude und Leichtigkeit und bringt Licht in eine Welt, die es wirklich braucht. Sie ist ein Vorbild für ihre Töchter, authentisch den eigenen Weg zu gehen und das alte Dilemma der weiblichen Selbstaufgabe ein für alle Mal ad acta zu legen.

Ironischerweise beginnt der Weg zu größerer Erfüllung oft in den dunkelsten Momenten. So war es jedenfalls in meinem eigenen Leben – und vielleicht ist es auch so in deinem.

Ich habe angefangen, nach Antworten zu suchen auf die folgenden Fragen:

Wie funktioniert emotionale Heilung? Was macht ein wahrhaft erfülltes Leben aus? Was steckt hinter dem offensichtlich Sichtbaren? Auf meiner Suche nach dem Glück habe ich festgestellt, dass dabei vier Schritte sehr hilfreich sind. Du kannst diese vier Schritte anwenden, unabhängig davon, wo du gerade stehst. Losgehen geht von überall! Die Schritte helfen dir, wenn dein Leben eine mittlere Katastrophe zu sein scheint, und geben dir Struktur in stürmischen Zeiten. Aber auch wenn dein Dasein nach objektiven Maßstäben ganz in Ordnung ist und du einfach die unbestimmte Ahnung verspürst, dass das Leben noch mehr zu bieten hat, weisen dir diese vier Schritte den Weg zu einem Gefühl größerer Erfüllung.

Dabei ist mir ganz wichtig, dass du erkennst, dass du bereits jetzt völlig in Ordnung bist und deine eigenen Maßstäbe setzt, anstatt dich in irgendwelche Schablonen zu zwängen. Was wir voller Neugier, Freude und Abenteuerlust entdecken dürfen, ist nicht die neueste Trend-Diät, sondern der Schatz in unserem Inneren. Wir sollten nicht in erster Linie am Umfang unserer Oberschenkel arbeiten, sondern an einer gesünderen inneren Einstellung.

Ich bin sehr dankbar, dass ich dich auf deinem Weg begleiten und inspirieren darf. Wenn du weitere Unterstützung und Hilfestellungen brauchst, findest du diese in meinem Podcast »Happy Woman – Impulse für ein neues Lebensgefühl« sowie auf meinem Youtube-Kanal »Stefanie Carla Schäfer«. Dort sind Mediationen und Affirmationen zu einzelnen Themen eingestellt.

Nun aber zu dir: Vielleicht hat dich bisher immer etwas zurückgehalten?

Lass es uns gemeinsam beiseiteschieben. Glaub mir, du hast alles in dir, was du brauchst, und ich möchte dich daran erinnern, deinen inneren Schatz endlich zu heben! Es ist an der Zeit.

Die Verbindung mit deiner inneren Kraft wird dich neue Horizonte entdecken lassen und gleichzeitig sanft durch das Auf und Ab des Lebens tragen – wie eine gute Freundin, die stets das Beste für dich will.

Genau das wünsche ich dir!

Lass uns gemeinsam auf deine Reise gehen …

Deine Zeit ist jetzt

Die Aufforderung, im Hier und Jetzt zu leben, begegnet uns heute an jeder Ecke. Sie steht auf Kalenderblättern, in Instagram-Posts und wird uns im Yoga-Unterricht nahegebracht. Genauso wie fast jede Entspannungsübung unsere Aufmerksamkeit auf den Moment lenken möchte. Vermutlich weil wir modernen westlichen Menschen – im Gegensatz zu buddhistischen Mönchen – mit unserer Aufmerksamkeit überall sind, nur nicht im jetzigen Augenblick.

Als moderne Frauen beschäftigen wir uns täglich mit gefühlt einer Million kleiner und großer Fragen, die uns von einer gelassenen Präsenz im Hier und Jetzt ablenken: Hab ich heute Morgen die Kaffeemaschine ausgemacht? Wie überzeuge ich meine Chefin von meiner neuen Idee? Wie viele Kalorien habe ich heute schon zu mir genommen? Wie soll ich mich beim Date am Abend verhalten? Oder der Dauerbrenner: Was soll ich anziehen?

Bei Frauen mit Kindern und Familie erhöht sich das Ausmaß der Fragen dann noch um ein Vielfaches: Wann kaufe ich ein? Was soll ich kochen, wenn am Sonntag die Schwiegereltern zu Besuch kommen? Wann ist noch mal der Elternsprechtag und schaffe ich es, rechtzeitig aus dem Büro dort zu sein? Wo zum Teufel steckt der Lieblingshoodie meines Jüngsten? Warum hockt unsere Teenie-Tochter nur noch in ihrem Zimmer? Wann waren mein Partner und ich eigentlich zum letzten Mal aus? Wann ist der Gitarrenunterricht zu Ende? Bin ich eigentlich nur noch das Taxi für alle?

Nicht selten hetzen Frauen von einem Termin zum nächsten und wechseln die Rollen wie Klamotten – Mutter, Mitarbeiterin des Monats, fürsorgliche Freundin, freundliche Nachbarin, beste Schwiegertochter, sexy Ehefrau und viele mehr. Dabei bekommen wir gar nicht mit, wie wunderbar sanft sich gerade die Frühlingssonne auf unserer Haut anfühlt, wie strahlend die Farben um uns herum leuchten und wie süß die Luft nach Leben duftet.

Ironischerweise lassen wir uns auf Kosten des Augenblicks, den wir mit all unseren Sinnen spüren und erleben könnten, von etwas ablenken, das es eigentlich gar nicht gibt! Denn wenn wir genau hinschauen, stellen wir fest:

Die Vergangenheit ist vorbei und die Zukunft noch gar nicht da.

Natürlich kocht sich das Abendessen nicht von selbst, die Kinder müssen am Nachmittag abgeholt werden und ist eine anständige Rente im Alter wichtig. Auch die schöne Erinnerung an den letzten Strandurlaub wollen wir nicht missen … Doch der Augenblick gerade hat sehr viel zu bieten und kann uns vor allem auch Kraft, Ruhe und das Vertrauen schenken, das wir brauchen, um alles, was war, und alles, was kommt, gut zu meistern. Warum fällt es uns dennoch so schwer, ganz im Hier und Jetzt zu sein und dies mit allen Sinnen auszukosten?

Vielleicht liegt es daran, dass uns vieles bewusst wird, wenn wir zur Ruhe kommen. Auch weniger Angenehmes, das nicht so auffällt, solange wir es durch Aktionismus überdecken können.

In der Zeit der Corona-Lockdowns saßen wir plötzlich monatelang ohne Ablenkung zu Hause, und nicht wenigen fiel dabei die Decke auf den Kopf. Die Scheidungsrate stieg, manche zogen von der Stadt aufs Land, Unternehmen wechselten komplett ins Homeoffice, und der Wind der Veränderung schien vieles im Leben zahlreicher Menschen gehörig durchzupusten und auf den Kopf zu stellen. Plötzlich waren alle auf sich und ihr Leben im Kern, ob alleine oder mit ihren Nächsten, zurückgeworfen.

Fluch oder Segen?

Manche Veränderung mag sich im ersten Moment unbequem anfühlen – so wie wenn man gemütlich auf dem Sofa liegt, um die Lieblingsserie anzuschauen, mit Kuscheldecke, Chips und einem Glas Wein in Reichweite, und plötzlich geht die nur angelehnte Balkontür auf, und eiskalte Luft erfüllt das Wohnzimmer. Also ist man gezwungen, aufzustehen und die Komfortzone zu verlassen!

Dennoch meint das Schicksal es oft nur gut, wenn es uns Weckrufe in der einen oder anderen Form schickt. *»Das Leben hat noch mehr zu bieten«*, flüstert uns die Stimme der Intuition verschwörerisch zu, wenn wir uns im Job langweilen, ständig für die Familie ein Bein ausreißen oder das Gefühl haben, unser Partner versteht uns einfach nicht. *»Du hattest doch große Träume, erinnerst du dich, Liebes?«*, raunt sie. *»Spürst du die Freude, wenn du daran denkst? Es ist noch nicht zu spät! Ich bin gekommen, um dich zu erinnern!«*

Manche halten dann inne und gehen dieser inneren Ahnung nach. Vielleicht nehmen sie sich sogar die Zeit, ihre Wünsche aufzuschreiben, ein Visionboard zu basteln oder den einen oder anderen Ratgeber zu lesen. Doch bei vielen – besonders bei Müttern von mehreren Kindern – wird die Motivation gebremst durch die unzähligen Verpflichtungen und Termine, die eine moderne Familienmanagerin heutzutage zu leisten hat.

Ich ziehe an dieser Stelle den Hut vor allen Mamas dieser Welt. Chapeau! Ihr leistet Unglaubliches. Gleichzeitig wünsche ich mir für euch wie für alle anderen Frauen auf diesem Planeten, dass ihr euer eigenes Glück mindestens genauso wichtig nehmt wie das eurer Lieben. Es ist ohnehin mit dem Glück der anderen verwoben. Vielleicht hast du auch schon die Erfahrung gemacht:

Eine glückliche Frau erschafft ein glückliches Umfeld!

Schluss mit Verschieberitis!

Kennst du das weitverbreitete Phänomen der »Verschieberitis«? Selbst wenn etwas sehr wichtig ist – in diesem Fall das eigene Glück –, schieben wir vermeintliche Gründe vor, warum wir uns gerade jetzt nicht darum kümmern können. Wir verschieben es auf später, auf das Wochenende, den Urlaub oder wahlweise auf den Zeitpunkt, wenn die Kinder erwachsen aus dem Haus sind. Vielleicht warten wir auch, bis wir zehn Kilo abgenommen haben oder unsere Scheidung geregelt ist. Denn dann, so glauben wir, werden wir endlich den Kopf frei haben …

Während ich die Verschieberitis in manchen Fällen sehr gut nachvollziehen kann, denken wir nur an ungeliebte Tätigkeiten wie Steuererklärungen oder das Aufräumen des vollen Kellers, finde ich dieses Verhalten, was das Glücklichsein betrifft, äußerst ungünstig. Denn die Wahrheit ist leider: **Später ist oft nie!** Das Glück auf später zu verschieben ist genauso verkehrt, wie es von äußeren Faktoren abhängig zu machen, wie dem Traumprinzen oder einem idealen Körperfettanteil.

In ihrem großartigen Buch »5 Dinge, die Sterbende am meisten bereuen« beschreibt die Autorin Bronnie Ware in zahlreichen berührenden Geschichten, welche Erkenntnisse über das Leben ihr alte Menschen kurz vor ihrem Tod anvertraut haben. Das Buch war nicht nur deshalb so erfolgreich, weil es wirklich auf eine ganz besondere Art zu Herzen geht. Es wurde zum Bestseller, weil es uns mit den fünf Erkenntnissen kostbare Wegweiser liefert, welche Schwerpunkte wir in unserem Leben setzen dürfen, um glücklich und erfüllt zu leben. Viele der Protagonisten in Bronnie Wares Buch hatten das Wesentliche immer wieder auf später verschoben. Sie haben zu viel gearbeitet, ihre Freunde vernachlässigt, ihre Gefühle verdrängt. Und mussten schließlich erkennen, dass es irgendwann (fast) zu spät war.

Lass uns das Geschenk dieser Erkenntnisse nutzen und gestalte dein Glück heute bewusst!

Damit wären wir wieder beim Ausgangspunkt angelangt: Das Hier und Jetzt ist der wichtigste Punkt, auf den wir uns konzentrieren dürfen. Hier versammeln sich all unsere Möglichkeiten, hier warten die Chancen darauf, dass wir sie ergreifen. Hier ist der Schlüssel für das Glück verborgen, nach dem unser Herz verlangt.

Du wirst geführt

Sei gewiss: Es ist nie zu spät für positive Veränderungen, ganz gleich an welcher Stelle du in deinem Leben gerade stehst. Du verfügst über einen schöpferischen Geist, der zu Wunderbarem fähig ist und der Veränderungen herbeiführen kann, die du dir heute noch gar nicht vorstellen kannst. Auch wenn du eher in kleinen Schritten an deinem Glück schrauben möchtest, ist dies möglich.

In meinem eigenen Leben habe ich immer wieder gespürt, dass da eine größere Kraft am Werk ist, die mich sanft lenken möchte. Diese Kraft – ich nenne sie am liebsten das Universum – liebt uns bedingungslos und weiß um unsere Aufgabe im Leben. Sie schickt uns die volle Unterstützung in Form von Zeichen, Fügungen und Menschen, die in unser Leben treten. Sie zieht uns aus dem Schlamassel, wenn wir ihr die Hand reichen. Sie spricht mal lauter, mal leiser, je nachdem, wie gut wir ihr zuhören.

Deshalb ist es ratsam, möglichst offen zu sein für unsere Intuition, durch die sie mit uns kommuniziert. Vor allem dürfen wir es uns *wert* sein, dieser inneren Stimme zu folgen und für unsere Träume aktiv zu werden.

Ich habe sowohl kleine als auch große Wunder erlebt, als ich begann, meiner inneren Stimme zu vertrauen und meine Schöpferkraft bewusst zu nutzen. Das kannst du auch!

Jede positive Veränderung beginnt mit einer inneren Entscheidung. Bist du bereit?

Dann lass uns freudig mit dem ersten Schritt beginnen …

1. Schritt:

Komm an im Jetzt!

Beginnen wir also mit dem ersten Schritt, indem wir unsere Aufmerksamkeit ganz bewusst ins Hier und Jetzt lenken. Ganz egal, was früher – vor langer Zeit und kurz vorher – passiert sein mag, jede Erfahrung hat dich zu der Person gemacht, die du jetzt bist. Und: Etwas hat dich zu diesem Buch geführt, und das zeigt, dass du bereit bist!

Das Leben präsentiert sich niemandem nur von seiner Schokoladenseite, doch gerade die Krisen lassen uns wachsen. Vielleicht hast du eine schwere Trennung hinter dir und möchtest endlich deinen eigenen Weg finden. Oder du erlebst gerade eine herausfordernde Zeit und suchst Licht am Ende des Tunnels. Möglicherweise fühlst du dich wie eine Heldin in einem Actionfilm, die im letzten Moment der Gefahr entkommen ist und nun mit letzter Kraft und zersaustem Haar durch den Schlamm kriecht, einem neuen Leben und einer lichtvollen Zukunft entgegen.

Interessanterweise brauchen wir Menschen oft ein gewisses Level an Schwierigkeiten, um zu erkennen, dass Veränderung ansteht. Die Toleranzschwelle liegt dabei unterschiedlich hoch: Während manche Frauen kompromisslos für ihre Bedürfnisse einstehen und sich nichts gefallen lassen, nehmen andere Frauen einiges in Kauf, oft auch um ihre Partnerschaft und Familie nicht aufs Spiel zu setzen. Ich staune manchmal, wenn ich sehe, was Frauen alles aushalten können, und bin voller Hochachtung vor der Kraft, die wir in solchen Zeiten entwickeln.

Nichtsdestotrotz glaube ich, dass das Leben uns stets Zeichen schickt, um uns in die richtige Spur zu lenken. Schwierige Erfahrungen haben den Vorteil, dass wir dadurch »aufwachen« und das Navi in unserem Inneren entdecken, unsere Herzensstimme. Hören wir danach besser auf sie, brauchen wir meist keine größeren Katastrophen mehr, denn wir gehen ja bereits wacher durch unser Leben.

Natürlich beeinflusst die Vergangenheit unser heutiges Leben. Unser Charakter formt sich während des Aufwachsens, und selbstverständlich spielen unsere persönlichen Anlagen auch eine wichtige Rolle, genau wie unsere nächsten Bezugspersonen, also unsere Eltern und Geschwister. Das Gefühl, mit dem wir heute durchs Leben gehen, tanzen oder auch stolpern, hat viel mit unserer Kindheit zu tun.

Ich glaube, dass wir alle eine Art Grundnaturell besitzen, das uns auch unser Leben lang begleitet. Eine gesellige Frohnatur mutiert in der Regel nicht zum introvertierten Einzelgänger. Ein kontrollierter, ernster Charakter entwickelt sich nicht plötzlich zum kreativen Spaßvogel. Oder wie ich es mal in einer Frauenzeitschrift las: *Eine fröhliche Blondine wird nie zur geheimnisvollen Brünetten.* Es geht vielmehr darum, unser Naturell zu kennen, zu entfalten und unser Leben entsprechend zu gestalten.

Dennoch sind wir mehr als das Produkt der Gene unserer Eltern und unserer Erfahrungen. Das wäre ja schrecklich! Dann liefen wir ja tatsächlich auf Autopilot und müssten ein unausweichliches Schicksal erfüllen, vermutlich einfach die Erfahrungen der vorangegangenen Generationen wiederholen ohne erkennbare Schritte der Weiterentwicklung.

Darum kann es nicht gehen. Unser Weg hält mehr bereit. Wir sind die Schöpferinnen unseres Lebens und als solche können wir zu einem großen Teil selbst bestimmen, was wir erleben. Anders formuliert: Unser Inneres erschafft unsere äußere Welt – unser Geist steht über der Biologie. Allerdings dürfen wir etwas innere Arbeit leisten, um unsere Kraft bewusst zu nutzen.

Ein Problem ist nämlich, dass unser Körper oft denkt, er sei noch in der Vergangenheit. Alle Erfahrungen sind in ihm gespeichert, und besonders die unverarbeiteten Erfahrungen kosten viel Energie, die der Betroffenen in der Gegenwart zum Fühlen und Weitergehen fehlt. Selbst wenn im Hier und Jetzt alles in Ordnung zu sein scheint, können alte Traumata das jetzige und zukünftige Glück blockieren.

Dazu kommt folgendes Dilemma: Das, was wir jeden Tag denken und fühlen, formt neuronale Bahnen im Gehirn, und je öfter unsere Gedanken auf diesen bequemen Bahnen unterwegs sind, desto bekannter fühlt sich das an. Da unsere innere Welt unsere äußere Welt erschafft, wird die gleiche Realität auf diese Weise immer wieder neu kreiert, ohne dass uns das bewusst wäre.

Dies sind in meinen Augen zwei Gründe, warum Veränderung uns oft so schwerfällt!

Da diese Erkenntnisse allein aber nicht reichen, um von heute auf morgen den Schalter umzulegen, die Vergangenheit tutti completti hinter sich zu lassen und mit einem Fingerschnipsen eine neue rosarote Realität zu erschaffen, möchte ich in diesem Kapitel mit dir gemeinsam schauen, was *du* brauchst, um im Jetzt anzukommen.

Vielleicht müssen davor noch ein paar Tränen geweint, ein Brief geschrieben oder eine Standpauke gehalten werden, damit du deinen heutigen Frieden findest und deine schöpferische Superkraft in vollem Umfang nutzen kannst. Vielleicht brauchst du ein Vergebungsritual, ein paar Umarmungen und eine große Ausmist-Aktion auf jeder Ebene, um Klarheit zu gewinnen und dein Herz dem Jetzt zu öffnen. All das darf sein und gehört zum Leben jeder Frau. Es ist sogar außerordentlich wichtig und der erste Schritt in dein neues Leben!

Deine Biografie verstehen

Die Vergangenheit ist die beste Lehrerin.
LUCIUS SENECIO

Ich beschreibe es gerne so: Wir leben in einem Universum voller wunderbarer Möglichkeiten. Fülle und Chancen umgeben uns alle jederzeit. Jedoch nehmen wir die Welt um uns herum unterschiedlich wahr. Jeder von uns läuft mit einem Filter durch sein Leben, der ihn die Welt durch die Brille seiner persönlichen Erfahrungen wahrnehmen lässt. Es ist wie auf Social Media – ein kleiner Farbfilter kann ein Bild ganz anders erscheinen lassen.

Wenn wir alten Ballast ablegen, um im Jetzt anzukommen und unser Leben erfüllter zu gestalten, beginnen wir praktisch, unsere Brille zu putzen. Nach und nach legen wir die Filter ab und entdecken die Schönheit und Brillanz von dem, was tatsächlich ist.

Kultiviere ein neues Bewusstsein – vom Mangel zur Fülle

Zunächst möchte ich dir vorschlagen, fortan eine neue Perspektive einzunehmen und dich immer wieder daran zu erinnern. Sie ist im Einklang mit deinem Herzen und deinem wahren Selbst und frei von allen Filtern! Diese neue Sichtweise konzentriert sich stets auf das Gute und lässt uns dadurch immer mehr davon erkennen.

Wir können das Wasserglas optimistisch als halb voll betrachten oder durch die negative Brille stets als halb leer wahrnehmen. Objektiv betrachtet stimmt beides, aber die erste Perspektive fühlt sich so viel besser an. Gleiches gilt eigentlich für alles im Leben, je nachdem, ob wir uns im Fülle-Bewusstsein oder im Mangeldenken befinden. Später in diesem Buch werden wir einige praktische Rituale einführen, die deine Energie steigern und dafür sorgen werden, dass du die Fülle-Brille gar nicht mehr abnehmen möchtest!

Deshalb lade ich dich ein, ab sofort diese neue Perspektive einzunehmen, die sich auf Chancen, Segnungen und Potenziale konzentriert. Je öfter du das tust, desto mehr wird es dir zur Gewohnheit. Wenn wir auch die Vergangenheit mit dieser Sichtweise betrachten, öffnet uns dies die Tore zu einer befreiten und freudigen Zukunft.

Ein Blick zurück

Lass uns nun einen kurzen Blick in deine Vergangenheit werfen, um deine Gegenwart besser zu verstehen und ganz praktisch die besten Voraussetzungen für deine Zukunft zu schaffen.

Ich glaube, dass es wichtig ist, Frieden zu empfinden hinsichtlich der Vergangenheit. Wenn wir klug sind, können wir unsere Erkenntnisse daraus ziehen und dankbar sein für alles, was uns mitgegeben wurde und auf unserem Weg begegnet ist. Alles Schöne und auch alles Schwierige. Wir können es sowieso nicht mehr ändern, aber wir können daraus lernen.

Ich bin keine Freundin aufwendiger Therapien, die uns als Erwachsene allzu lange kindliche Erlebnisse wieder und wieder erleben und analysieren lassen. Viel wichtiger finde ich den Bezug zur jetzigen Lebenssituation und die Frage:

Welche Spuren hat die Vergangenheit hinterlassen, die es für dein Glück im Heute zu überwinden gilt?

Die Beziehung zu den Eltern klären

Wir alle haben eine Geschichte, und jede gute Geschichte hat ihre Höhen und Tiefen. In der Regel sind Mama und Papa die ersten Lehrer, die einem als kleinem Mädchen ihr Weltbild vermitteln. Oft ist die Mutter das große Vorbild und Papa der erste Mann, den man heiraten will. Manchmal ist es auch ganz anders, doch auch nach einer glücklichen, unbeschwerten Kindheit fängt das Eltern-Kind-Verhältnis oft spätestens in der Pubertät an, schwierig zu werden. Die eine Seite denkt: Das Kind ist komisch, die andere denkt das Gleiche von Mutter und Vater. Du verstehst, was ich meine! Dann holen wir unsere Eltern von ihrem Thron, entdecken ihre Schattenseiten, reiben uns, richten uns vergleichend aus: Nein, so wollen wir nicht werden oder leben.

An dieser Stelle möchte ich ein Plädoyer halten für eine menschliche und realistische Sicht auf unsere Eltern. In der Regel versuchen alle ihr Bestes, aber auch unsere Mama und unser Papa sind nur Menschen, die die Welt durch den Filter ihrer persönlichen Geschichte, ihrer eigenen Vergangenheit wahrnehmen. Da wir so viel Zeit mit ihnen verbracht haben, ist es sehr wahrscheinlich, dass wir einen Teil ihrer Filter übernommen und in unser Leben mitgenommen haben.

Wir alle haben Stärken und Schwächen durch unsere Eltern erlebt, Glaubenssätze geformt, Ängste übernommen, idealerweise haben sie uns natürlich auch Werte und Selbstbewusstsein weitergegeben. Möglicherweise war vieles gut, aber einiges auch nicht. Egal wie, ich möchte dich auf jeden Fall ermuntern, deine Vergangenheit mit der Fülle-Brille zu betrachten. Deine Eltern haben dir das Leben geschenkt, und das ist schon eine ziemlich tolle Sache und verdient Respekt! Bei allem, was passiert sein mag, ohne sie gäbe es dich nicht.

Wenn du im Einklang mit den Menschen bist, die dir das Leben geschenkt haben, fließt dir die Energie deiner Ahnen zu und unterstützt dich auf deinem Weg. Interessanterweise wirkt Heilung, also deine persönliche Entwicklung, nicht nur in eine Richtung. Sowohl deine Kinder als auch deine Vorfahren und Eltern profitieren davon, wenn du alten Ballast loslässt. Dann werden sie auch von Erlebtem und Geerbtem erlöst und geheilt.

Deshalb möchte ich dich einladen, dir ganz bewusst zu werden, was möglicherweise noch zwischen dir und deinen Eltern steht. Vielleicht spürst du alten Wunden nach, über die du noch nie mit ihnen oder anderen gesprochen hast, oder du hegst alten Groll, weil sich deine Eltern in deiner Kindheit getrennt haben. Oder du bist sauer auf deinen Bruder, der mehr geerbt hat als du, oder du empfindest Neid auf deine Schwester, die schon immer schlanker und erfolgreicher war.

Mach dir klar: Alles, was dich in der Beziehung zu deinen Eltern, deiner Familie belastet, steht deinem glücklichen Leben in der Zukunft im Weg.

Es bindet immer einen Teil unserer Energie, Unfrieden und Konflikte mit anderen Menschen zu haben, besonders mit nahestehenden. Nein, du musst deshalb nicht unbedingt jeden lieben und Friede-Freude-Eierkuchen spielen, wenn du in Wahrheit stinksauer bist. Aber ich ermutige dich darin, wichtige Beziehungen zu klären und deinen Frieden zu finden.

Hier geht's zum Glück: Biografie aufräumen

- Schreib die Namen aller Menschen auf, mit denen du noch etwas Ungeklärtes aus der Vergangenheit verspürst: Das können Mutter und Vater sein, Stiefeltern, Geschwister, aber auch gute Freunde, Kollegen etc. Geh die Lebensphasen und Situationen in Ruhe durch. Das ist etwas Arbeit, aber sie lohnt sich ungemein.
- Du kannst nun, wenn diese Menschen noch leben, das Gespräch suchen oder einen Brief schreiben, den der Empfänger lesen kann, aber nicht muss. Wichtig ist, dass du das aussprichst, was noch ungesagt ist. Alles, was dir hilft, deine Vergangenheit zu einem Abschluss zu bringen, ist erlaubt. Versuche, dein Herz für die Menschen in deinem Leben zu öffnen, mit denen du Konflikte hattest. Nimm dir die Zeit, die du brauchst.
- Vielleicht möchtest du auch ein Vergebungsritual durchführen, um Frieden zu finden. Achte darauf, dass vorher alles gefühlt und gesagt ist, was dir wichtig ist, denn nur dann können wir von Herzen vergeben. Danke abschließend auch für alles, was deine Familie und die anderen Menschen für dich getan haben.
- Du wirst sehen, dieser Prozess öffnet dein Herz und fühlt sich ähnlich gut an, wie seine Wohnung blitzeblank geputzt zu haben. Denn hier geht es um dein inneres Haus, das du reinigst.

Alte Verletzungen heilen

Irgendwie scheint es zum Leben dazuzugehören, dass Menschen einander verletzen. Da sich das nicht gut anfühlt, verschließen wir – besonders in jungen Jahren – unser Herz und nehmen die Welt fortan eingeschränkt durch den Filter unserer Verletzungen wahr. Doch es gibt Hoffnung! Wenn wir uns unserem Herzen zuwenden, fühlen, was gefühlt werden will, und vielleicht gerade durch den Schmerz unsere innere Weisheit entdecken, können wir unsere Verletzungen heilen. Dann öffnen wir unser Herz und können es sogar noch größer und liebevoller machen, sodass vielleicht eines Tages die ganze Welt darin Platz hat.

Das liest sich nun ganz einfach, und vielleicht denkst du: In Wahrheit ist es doch viel komplizierter. Glaub mir, ich kann dich verstehen. Auch ich habe ordentliche Verletzungen einstecken müssen in meinem Leben, und das tat weh. Vermutlich wird man nicht Ratgeberautorin, wenn man in einem Rosamunde-Pilcher-Schloss in Cornwall aufwächst inmitten von Menschen, die sich alle furchtbar lieb haben. Selbst in vermeintlichen Vorzeige-Familien gibt es so tiefe Abgründe, dass sie den Klippen von Cornwall in nichts nachstehen.

Vermutlich sind diese Herzkino-Filme deshalb so erfolgreich, weil sich die meisten Menschen nach einer derartigen heilen Welt sehnen, wo in wunderschöner Umgebung nach spätestens 90 Minuten alle Probleme aufgelöst sind. So einfach ist es im wahren Leben zugegebenermaßen nicht!

Ich selbst habe mich aber auf den Weg des Herzöffnens gemacht und verspreche dir: Wer sein Herz öffnet, kann nur gewinnen! Es dauert meistens länger als 90 Minuten, aber in der Tat glaube ich nicht, dass emotionale Heilung so schwer ist, wie wir sie uns oft machen. Es gilt vor allem, einen fundamentalen Irrtum aufzudecken:

Der Glaube, wir müssen Liebe von außen bekommen, um zu überleben, ist falsch.

Ja, als Kinder waren wir existenziell auf Zuwendung von außen, von den uns versorgenden Menschen, angewiesen, denn ein kleines Kind braucht Fürsorge wie die Luft zum Atmen. Als erwachsene Menschen sollten wir selbstständiger sein, aber das innere Kind ist oft trotzdem noch bedürftig – so lange, bis wir uns selbst darum kümmern. Viele Menschen denken immer noch, ein Partner oder eine Partnerin solle sie satt und glücklich machen. Natürlich brauchen wir auch als Erwachsene Liebe, Nähe und Fürsorge. Keine Frage! Aber:

Die Liebe, die du suchst, ist bereits in dir und wartet auf dich.

Wir sind alle mit der Liebe verbunden, nur durch unser verletztes Herz vergessen wir das manchmal. Die meisten, wenn auch nicht alle, Verletzungen heilen, wenn sie ans Licht kommen und in dem Moment ganz viel Liebe erfahren. Denn die Verletzung entstand meist in einem Moment, in dem keine oder zu wenig Liebe da war. Wenn du nun deine Verletzungen heilen möchtest, kann die Medizin der Liebe ganz unterschiedliche Formen haben:

Das kann deine beste Freundin sein, an deren Schulter du dich ausweinst, wodurch du dich nach einer Weile ganz entspannt fühlst. Das kann eine Meditation sein, in der du ganz tief in dein Herz eintauchst und dich auf einmal mit allem verbunden fühlst. Das kann ein Liebesfilm mit Meg Ryan sein, der dich weinen lässt wie ein Schlosshund. Das kann ein Therapeut oder eine Therapeutin sein, der oder die dich sieht und mit all deinen Emotionen mitfühlend begleitet.

Sag Ja zu deinen Gefühlen, lass sie fließen und nimm dir dafür alle Zeit der Welt.

Wenn du magst, beanspruche auch Hilfe, die dir guttut, denn oft brauchen wir andere Menschen, um uns an die Liebe und die Kraft zu erinnern, die in uns liegt. Wenn ein Abfluss im Bad verstopft ist, holen wir schließlich auch einen Fachmann. Warum nicht auch, wenn das Herz blockiert ist und die Liebe nicht fließen kann? All diese Wege sind gut und richtig!

Dein Herz öffnen

Wenn sich mit der Zeit dein Herz wieder öffnet, entdeckst du plötzlich, dass hinter den Verletzungen und Mauern, die du möglicherweise zum Schutz um dein Herz gebaut hast, eine Quelle liegt, aus der Liebe sprudelt. Nicht nur ein bisschen, das bald aufgebraucht sein könnte, sondern unendlich viel!

In jedem von uns ist praktisch ein innerer Zugang zur Liebe verborgen, die uns satt und zufrieden machen kann. Wir sind sogar Teil eines universellen All-you-can-eat-Buffets an Liebe, das uns alle miteinander verbindet.

Das Problem ist, dass die meisten Menschen dieses universelle, frei verfügbare Liebesbuffet in ihrem Herzen nicht kennen bzw. so beschäftigt und verletzt sind, dass sie keinen Zugang dazu haben und deshalb überall außerhalb nach der nächsten Portion Liebe suchen.

Es ist so, als ob wir mit einem Rucksack voller leckerer, belegter Ciabatta-Brötchen auf dem Rücken auf Wanderschaft gehen und unterwegs vergessen, dass wir ihn dabeihaben. Wir werden hungrig und fragen andere Wanderer, die uns begegnen, ob sie uns etwas zu essen geben können, weil unser Magen so fürchterlich knurrt. Vielleicht schenkt uns auch der eine oder andere etwas von seiner Brotzeit, doch wir alle wissen, dass Schnorren selbst mit Hundeblick nicht allzu gut ankommt. Schließlich sind wir ja schon groß und können uns selbst unsere Brötchen schmieren, uns also selbst der Liebe in uns bewusst werden.

Das Tolle ist: Wenn wir einmal dieses universale Buffet in uns entdeckt haben, müssen wir nie mehr hungrig sein! Es heißt nicht, dass wir nie mehr verletzt werden, aber wir verfügen über ein Tool, uns selbst im Falle einer erneuten Verletzung mit der Liebe zu versorgen, die wir brauchen. Denn wir können uns täglich nach Herzenslust am universellen Buffet bedienen. Die Wahrheit ist:

Wir können Liebe unbegrenzt in uns selbst generieren.

Hier geht's zum Glück: Finde die Liebe in dir

- Mit dem All-you-can-eat-Liebesbuffet in dir verbindest du dich am besten, indem du äußere Reize herunterfährst und ganz in deinem Inneren andockst. Vielleicht magst du dazu im Wald spazieren gehen, kreativ sein oder Yoga praktizieren. Ich weiß, dass vielen Menschen stille Meditation nicht unbedingt liegt, deshalb empfehle ich dir zum Einstieg, einfach etwas zu tun, was dich körperlich und seelisch entspannen lässt. Wenn du anschließend meditieren möchtest, ist das wunderbar!

- Vielleicht hilft dir auch schöne Musik, in einen ruhigen, meditativen Zustand zu kommen. Richte deine Aufmerksamkeit dann auf dein Herz. Leg dazu gern deine Hand darauf. Atme in dein Herz hinein, spüre dort hinein. Lass es in deiner Vorstellung wachsen. Lass es immer größer werden, bis du selbst darin sitzt. Verbinde dich in diesem Gefühl der inneren Geborgenheit mit allen Menschen, die dir lieb sind. Erinnere dich an freudige, schöne Momente. Lass dein Herz so groß wachsen, wie es sich für dich gut anfühlt, und bade in dieser schönen Energie. Sei gewiss, die Weisheit deines Herzens ist noch viel größer, als du es dir jetzt vorstellen kannst!

Halten wir fest:

- Alte Verletzungen heilen durch Liebe.
- Bring deine Gefühle (wieder) zum Fließen.
- Mach mehr von dem, was dein Herz öffnet!
- Jede Hilfe ist erlaubt, von der besten Freundin bis zum Therapeuten.
- Wenn dein Herz sich öffnet, hast du Zugang zum All-you-can-eat-Liebesbuffet und wirst keinen Hunger mehr leiden.

Ändere deine Sichtweise auf die Vergangenheit!

Aus der heutigen Perspektive und mit der Entscheidung für mehr Liebe und Erfüllung in deinem Leben ist es auch wichtig, Erfahrungen der Vergangenheit neu zu bewerten. Das klappt oft erst rückblickend, denn solange du noch in einer schwierigen Situation feststeckst, ist es manchmal schwer, das Gute daran zu erkennen. Im Nachhinein kannst du jedoch eine Art Bilanz ziehen, was du aus einer Situation gewonnen hast, und sei es Erfahrung. Was wir in der »Schule des Lebens« lernen, ist wichtig für uns, weil wir dann später bei neuen Herausforderungen anders reagieren können.

Wir können klagen: »*Meine Kindheit war so schwer, und ich musste immer kämpfen.*« Oder wir sagen: »*Ich durfte schon früh meine eigene Kraft entdecken, da mir nichts geschenkt wurde.*« – Gleiche Kindheit, andere Perspektive.

Die Aussage »*Mein Mann hat mich schlecht behandelt und jetzt auch noch verlassen*« könnte auch so ausgelegt werden: »*Juchhu! Endlich sind mir die Augen geöffnet worden, der Mistkerl ist weg, und ich bin frei!*«

»*Ich war nie gut genug*« wird zu »*Jetzt definiere ich meinen eigenen Wert und setze meine eigenen Maßstäbe!*«.

Hier geht's zum Glück: Stärke dein Fülle-Bewusstsein

- Ziehe immer häufiger die Fülle-Brille an. Du kannst dir morgens, wenn du das Haus verlässt, vorstellen, dass du diese imaginäre Brille aufsetzt und den ganzen Tag lang trägst.

- Beobachte dich, z. B. in Gesprächen mit anderen, und mach es dir zur Gewohnheit, auch deine Worte und Sichtweisen entsprechend des Fülle-Bewusstseins zu wählen.
- Führe ein Dankbarkeitstagebuch, in das du jeden Abend notierst, was an diesem Tag schön war.
- Frage dich bei allem, was passiert: Wo ist der Segen in dieser Situation? Manchmal ist dieser versteckt.
- Du wirst sehen, dass sich das wesentlich besser anfühlt als Klagen und Hadern mit der Vergangenheit.

Alles hat seinen Sinn!

Die Wunde ist der Ort,
wo das Licht eintritt.
RUMI

Wenn du die Fülle-Brille trägst, wird es dir auch leichter fallen, in allem einen Sinn zu erkennen. Wer weiß, vielleicht suchen wir uns als Seele unsere Erfahrungen und Startbedingungen der Kindheit aus, weil wir aus dieser höheren Perspektive erkennen, dass wir genau diese Schule brauchen? Dass wir nur dadurch zu der Person wachsen können, die mit einer bestimmten Mission auf diese Welt gekommen ist …

Wir wachsen nicht persönlich, wenn wir es immer nur leicht haben. Wir entwickeln auch keine Tiefe. Gerade die Schwierigkeiten und Hürden sind es, deren Bewältigung unsere persönliche Entwicklung vorantreibt. Rückblickend erkennst du vielleicht irgendwann, dass alles seinen Sinn hatte, so wie es war, und dass es sich dabei um deine persönliche Schule handelt, durch die du lernen durftest und immer noch darfst.

Bring deinen Körper ins Jetzt!

Was uns manchmal vom Glück im Hier und Jetzt abzuhalten scheint, ist unser Körper. Ich sage bewusst »abzuhalten scheint«, denn in Wahrheit sind wir und unser Körper im Hier und Jetzt! Leider aber fühlen sich viele Menschen noch eingeschränkt durch die bereits erwähnten Filter der Vergangenheit, die auch in unserem Körper ihre Spuren hinterlassen haben.

Fast immer ist es so, dass unser Geist viel schneller ist als unser Körper. Vielleicht kennst du es auch, wenn du früh arbeiten musst und physisch bereits auf deinem Bürostuhl am Schreibtisch vorm Computer sitzt, während dein Körper noch gar nicht in dieser Situation und diesem Modus angekommen ist und sich nach dem kuscheligen Bett zurücksehnt. Ein Teil von dir scheint noch woanders zu sein, in diesem Fall in einer Situation, die vermutlich angenehmer ist als die tatsächliche. Es sei denn, du liebst es, frühmorgens im Büro zu sein.

Genauso verhält es sich andersherum bei einschneidenden oder sogar traumatischen Erlebnissen. Wenn eine Situation uns überfordert, sei es eine Trennung, ein Unfall, ein Verlust, ein sehr schmerzhaftes Erlebnis oder auch eine sehr stressige, fordernde Phase im Leben, dann zehrt dies bekanntlich an unseren Nerven und Kräften. Wir geraten aus der Balance, unser Nervensystem ist dann übermäßig aktiviert. Manchmal entwickelt der Körper vegetative Symptome wie einen überhöhten

Blutdruck oder Schlafstörungen, oft verfolgt uns das Geschehen bis in die Träume. Die Spannung der unverarbeiteten Erlebnisse sitzt tief im Körper und sehnt sich nach Erlösung. Es ist, als ob ein Teil von dir noch in dieser Situation gefangen ist. Die Schamanen sprechen deshalb von »verlorenen Seelenanteilen«, die es zurückzuholen gilt. Jeder von uns ist mehr oder weniger davon betroffen.

Um das Gleichgewicht wiederherzustellen, ist es auf körperlicher wie auch menschlicher Ebene wichtig, einen sicheren Boden zu finden und im momentanen Erleben so viel Sicherheit zu erhalten, dass die Spannung sich lösen kann. Gleichzeitig empfindest du dann auch auf emotionaler Ebene eine Entspannung und Ausdehnung.

In meine Arbeit mit Frauen beziehe ich deshalb stets den Körper mit ein, denn er spricht oft eine ganz andere, weisere Sprache als unser Verstand. Viele Menschen haben langjährige Therapien gemacht, ihre Vergangenheit analysiert. Sie verstehen deshalb auf einer kognitiven Ebene ausgezeichnet, was passiert ist – aber das Problem ist trotzdem noch da.

Veränderung und Wachstum entstehen, wenn sich auf allen Ebenen die Blockaden lösen, die sich angesammelt haben – vor allem in unserem Nervensystem. Wenn wir uns darin schulen, unseren Körper wahrzunehmen, sind wir auch immer mehr in ihm zu Hause – der Fachbegriff dafür ist Embodiment. Wenn dich das interessiert, möchte ich dir Somatic Experiencing (SE) empfehlen, eine überaus effektive Methode, um alte Blockaden zu lösen, deine Selbstregulation zu fördern und dich immer mehr in deinem Körper zu Hause zu fühlen.

Hier geht's zum Glück: Schule dein Körperbewusstsein

- Richte deine Aufmerksamkeit immer mehr auf deinen Körper. Nein, nicht vor dem Spiegel beim Schminken, sondern von innen! Nimm immer häufiger und bewusster wahr, wie sich dein Körper gerade anfühlt.
- Eine gute Möglichkeit, äußere Reize auszuschalten, ist tägliches Meditieren, zu dem ich dich sowieso gerne ermuntern möchte. Versuche, in deiner Körperwahrnehmung möglichst feine Details zu erkennen, zum Beispiel leichtes Strömen, Kribbeln, Wärme- und Kälteempfinden. Entdecke, was sich gut anfühlt, und konzentriere dich auf das angenehme Empfinden, wie zum Beispiel den festen Kontakt deiner Füße mit dem Boden oder das Anlehnen deines Rückens an einen Sessel. Erde dich, denn das ist die Grundvoraussetzung für eine bewusste Präsenz im Hier und Jetzt.
- Du kannst zu bestimmten Themen, die dich blockieren, auch einen SE-Therapeuten oder Coach aufsuchen. Ich empfehle dir, mit jemandem zu arbeiten, der ganz bewusst den Körper in diesen Prozess mit einbezieht, anstatt »nur« über etwas zu reden.
- Richte im Alltag immer wieder aktiv die Aufmerksamkeit auf dein Körperempfinden, spüre die Sonne im Gesicht, deine Beine beim Spazierengehen, atme bewusst die frische Luft in deine Lungen ein. Nutze deine Sinne und genieße die schönen Eindrücke, die sie uns schenken.
- Wir sind viel zu oft im Außen und nehmen gar nicht wahr, was in uns geschieht, lenken uns viel zu häufig von uns selbst ab. Um aber das beste Leben zu manifestie-

ren, das wir uns wünschen, ist es eine Voraussetzung, 100 Prozent im eigenen Körper zu sein. Denn er ist ein wunderbares Instrument und unser physisches Zuhause für dieses Leben.

Stoppe die Vergangenheit in deinem Kopf

Zum Körper zählt natürlich auch unser Kopf. Unser Gehirn und unser Denken spielen bei der Vergangenheitsbewältigung eine besondere Rolle. Sie sind sozusagen die Hardware, die bestimmte Programme in Form unserer Gedanken wieder und wieder abspult.

Machen wir uns bewusst: Was wir jeden Tag denken und fühlen, formt unseren Tag. Gleiches gilt für unsere Woche, unseren Monat, unser Jahr und letztlich unser ganzes Leben. Das Problem ist, dass die meisten Menschen am nächsten Tag das Gleiche denken wie am Vortag und so immer wieder die Vergangenheit fortführen. Die Gedanken, die wir häufig denken, formen neuronale Wege in unserem Gehirn. Je größer diese Wege sind, desto bekannter und vertrauter kommen sie uns vor.

Mit anderen Worten: Ein gut ausgebauter Weg wird beim Waldspaziergang auch meist einem kleinen unbekannten Trampelpfad vorgezogen, von dem wir nicht genau wissen, wohin er uns führt. Nehmen wir jedoch immer die gleichen Wege, erleben wir nichts Neues. Deshalb fällt Veränderung ja so schwer!

Der weltbekannte Neurowissenschaftler Dr. Joe Dispenza zeigt uns allerdings, dass es auch anders geht – sogar leichter als gedacht. Als junger Mann lag er nach einem schweren Unfall mit einem gebrochenen Rücken im Krankenhaus. Die schwere

Operation, zu der ihm dringend geraten wurde, lehnte er ab und widmete sich stattdessen einer ganz anderen Art von Heilung. Täglich versetzte er sich in einen meditativen Zustand und visualisierte dabei mit jeder Faser seines Seins, wie sein Körper und seine Wirbelsäule vollkommen gesunden. Sein Körper folgte seiner inneren Vorstellung.

Heute ist er gesund, sein Rücken ist geheilt, und er inspiriert Menschen auf der ganzen Welt, ihre Realität in Verbindung mit dem Quantenfeld neu zu gestalten. In zahlreichen medizinischen Untersuchungen und Hirnscans gelang es dem Wissenschaftler, die neuronalen Veränderungen durch die Kraft der Meditation und inneren Arbeit zu belegen.

Wenn wir unser Leben und unsere Zukunft verändern möchten, müssen wir die alten Programme ersetzen, die unser Gehirn lange genug prägten. Wenn es uns gelingt, uns innerlich und mit allen Sinnen auf eine neue Realität einzustimmen, werden neue Eindrücke kreiert, die wiederum neue neuronale Bahnen schaffen und eine neue Wirklichkeit auf der physischen Ebene ins Leben rufen.

Hier geht's zum Glück: neu denken

- Beobachte deine Gedanken. Schau mal, was sich täglich in deinem Kopf abspielt, und identifiziere typische Gedankenmuster. Schreib sie auf und sortiere diese Muster danach, welche dir dienlich sind. Wirf die Zettel mit den dich blockierenden Mustern symbolisch weg. Öffne dich neuen Gedanken und inneren Vorstellungen: Welche könnten dir und deiner erwünschten Zukunft dienlich sein?

❀ Meditiere täglich. Setze dich aufrecht hin, atme tief. Spüre deinen Körper und lass dich innerlich zur Ruhe kommen. Richte dich dann innerlich aus auf eine größere Wirklichkeit. Es gibt ein Feld unbegrenzter Möglichkeiten, in dem deine erwünschte Zukunft bereits existiert. Verbinde dich mit diesem Feld. Du bist ein Teil davon. Du bist die Gestalterin deines Lebens. Sei dir bewusst, dass du es bist, die wie eine Künstlerin vor einer weißen Leinwand bestimmt, wie sie das Bild ihrer Zukunft gestalten wird.

Deine neuen Affirmationen

- *Ich bin ein wunderbares Unikat, ausgestattet mit einer individuellen Geschichte. Ich bin stolz auf mich!*
- *Alles, was ich erlebe, hat seinen Sinn. Es hat mich zu der Person gemacht, die ich jetzt bin.*
- *Wenn ich Frieden mit der Vergangenheit schließe, steht mir mehr Energie zur Verfügung, um meine Zukunft zu gestalten.*
- *Mein Körper folgt meinen Gedanken. Ich starte ein neues Programm auf meiner neuronalen Festplatte.*
- *Ich verbinde mich täglich mit der Liebe in mir.*
- *Es gibt eine größere Wirklichkeit, an die ich mich anbinden kann – das Feld der unbegrenzten Möglichkeiten.*

Räume auf und lass los

Wenn wir unser Leben verändern möchten, ist es unbedingt notwendig, auf jeder Ebene aufzuräumen. Ordnung im Inneren und im Äußeren sowie das Loslassen von allem, was nicht mehr zu dir passt, wird dir die notwendige Klarheit verleihen, um deine Schritte befreit in eine neue Zukunft zu lenken.

Nachdem du nun schon fleißig innere Arbeit gemacht hast, wofür du dir an dieser Stelle wirklich auf die Schulter klopfen darfst, wirst du vielleicht schon wie von selbst das Bedürfnis verspüren, auch deine äußere Umgebung aufzuräumen. Irgendwie scheint alles miteinander verwoben zu sein.

Genauso wie Geschäfte am Jahresende Inventur machen, um bewusst in das neue Jahr zu starten, hilft uns eine regelmäßige »Inventur« in unserem Leben als Frau, der angestrebten glücklichen Zukunft ein großes Stück näher zu kommen.

Meiner Erfahrung nach ist es unglaublich befreiend, sich von Dingen zu trennen, die du nicht mehr brauchst. Vielleicht freut sich ein anderer darüber! Ich glaube, dass Dinge, die sich im Haus ansammeln und nicht genutzt werden, nicht nur Platz, sondern auch Energie binden.

Sie beanspruchen also nicht nur Stauraum im wörtlichen Sinne, sondern auch Platz im Geist, weil wir unbewusst wissen: *»Da ist noch der Dachboden, der dringend entrümpelt werden muss, das müsste ich mal irgendwann in Angriff nehmen«* oder *»Hm, da sind einige Klamotten im Schrank, die ich nie trage, aber ich kann mich so schlecht trennen«* …

Während die eine Frau gut ausmisten und loslassen kann, ist die andere darin möglicherweise nicht so gut, und so sammelt sich bei ihr mit der Zeit ein wahrer Vorrat an Dingen an, vergleichbar mit dem Lager eines Eichhörnchens im Winter.

Das ist einerseits Typsache. Manchmal hat es aber auch mit der Tendenz zum Festhalten zu tun, vielleicht sogar mit mangelndem Vertrauen in die Zukunft. Dinge und Beziehungen festzuhalten, deren Zeit schon abgelaufen ist und die ihren Sinn erfüllt haben, verhindert eine Weiterentwicklung! Sie können sogar wie ein Klotz am Bein auf dem Weg in dein erwünschtes neues Leben hängen.

Deshalb möchte ich dich ermutigen, dir selbst und dem Universum zu vertrauen, das bestimmt das Allerbeste im Sinn für dich hat. Sei es dir wert, dich nur mit Dingen zu umgeben, die dich mit Leichtigkeit und Freude erfüllen. Lass alles andere los!

Ich habe den Eindruck, dass der Trend zum Minimalismus in den letzten Jahren das Bedürfnis nach Leichtigkeit und Weiterentwicklung zum Ausdruck bringt. Zu viele alte Dinge in unserem Besitz halten uns in der Vergangenheit fest – aber wir wollen uns doch leichten Schrittes in eine freudige Zukunft bewegen, nicht wahr?

Wer loslässt, hat beide Hände frei

Vor ein paar Jahren unternahm ich mit meinem Freund eine Hüttentour in den österreichischen Alpen. Wir wanderten mehrere Tage lang durch die wunderschöne Natur, nur mit dem Nötigsten im Rucksack, und übernachteten in einfach bewirtschafteten Berghütten. Beim Wandern habe ich gespürt, wie wenige äußere Dinge ich in Wahrheit brauche, um glücklich zu sein. Ich war viel präsenter im gegenwärtigen Augenblick und konnte die Natur und alles um mich herum und in mir sehr spüren und genießen. Was für eine großartige Erfahrung! Ich habe mich in diesen Tagen unbeschreiblich leicht gefühlt und werde diese Art von Urlaub bestimmt wiederholen.

Natürlich ist ein Urlaub nicht eins zu eins mit unserem vollen Alltag zu vergleichen, denn dort können wir auch viele Rollen ablegen und Punkte von der To-do-Liste streichen. Im ganzjährigen Privat- und Berufsleben brauchen wir etwas mehr, um unser Leben gut und komfortabel zu gestalten, aber die meisten von uns – mich selbst eingeschlossen – profitieren sehr von regelmäßigem Ausmisten.

Mal ehrlich: Welche Frau hat nicht zu viel im Kleiderschrank?

Findest du manchmal dein Lieblingskleid nicht, weil da noch so viele T-Shirts, Jeans usw. sind, die du schon lange nicht mehr getragen hast? Haben sich auch in deinem Badezimmer mehr Cremes, Wässerchen und Schminkutensilien angesammelt, als du eigentlich brauchst? Dann bist du in guter Gesellschaft – das kennen die meisten von uns.

Mein Vorschlag: Lass uns beginnen mit einer ausgiebigen Ausmist-Party als Auftakt für dein neues Leben.

Nimm dir die Zeit, die du dafür brauchst. Vielleicht sind es Tage oder Wochen, das ist okay. Und du bist nicht allein, ich begleite dich im Folgenden dabei. Gehe Meter für Meter, Stück für Stück die Schränke und Schubladen durch. Nimm jeden Bereich deines Zuhauses gründlich unter die Lupe.

Bist du bereit? Let's go!

Hier geht's zum Glück:

1. Home, sweet home

Erst mal werden wir deine unmittelbare Umgebung in Angriff nehmen, also deine Wohnung oder dein Haus. Wir teilen deinen Wohnbereich in verschiedene Bereiche auf:

- Kleider & Schuhe
- Bad & Kosmetik
- Bücher, Deko & Krimskrams
- Geschirr & Haushaltsutensilien
- Und dann die Chaos-Dauerbrenner: Keller, Abstellkammer, Dachboden & Garage

Plane und strukturiere deine Ausmist-Party. Ein guter, überschaubarer Zeitraum für eine große Aus- und Aufräumaktion ist zum Beispiel ein Monat. Jeder Bereich bekommt einige Tage zugeteilt, und an einem festen Termin bist du damit fertig. Wenn du dir im Job nicht freinehmen kannst, dann nimm dir zum Beispiel vor, jeden Abend eine Stunde auszumisten oder einen Monat lang immer am Samstagnachmittag zu räumen. Das funktioniert zum Start ins neue Jahr, ebenso als Frühjahrsputz, vor dem Sommerurlaub oder – bevor du adventlich dekorierst – als Herbst-Winter-Aktion.

Stell dir große Pappkartons bereit für alle aussortierten Dinge, krempele die Ärmel hoch, und los geht's. Es hilft, alle Gegenstände erst mal herauszuholen, sodass du sie klar vor Augen hast. Leere zum Beispiel deinen Kleiderschrank komplett, nimm jedes Kleidungsstück unter die Lupe und räume dann wieder zurück, was du behalten möchtest.

Frage dich bei allen Gegenständen, von denen du dir nicht sicher bist, ob du sie behalten sollst:

Dient mir das noch? Macht mich das glücklich?

Ich selbst hatte mal fünf Jahre meines Lebens an verschiedenen Orten gelebt aufgrund einer Fernbeziehung mit einem Freund in den Niederlanden. Damals war ich viel unterwegs, und alle meine Sachen verteilten sich auf verschiedene Orte. Als eine neue Lebensphase an einem neuen Ort mit einem festen Wohnsitz begann, machte sich ein großes Gefühl der Erleichterung in mir breit. Nach und nach kehrten auch alle Dinge zu mir zurück und wollten sortiert werden, darunter meine Lieblingstasse vom Kölner Dom, ein verschollen geglaubter Rock, Bücher, aber auch vieles, was ich nicht vermisst hatte. Also sortierte ich aus …

Wie gut tat es, aufzuräumen! Eine neue Leichtigkeit machte sich in mir breit. Eine neue Freiheit für ein neues Leben. Ich freute mich über die wachsende innere und äußere Ordnung. Die Kartons mit all den alten Dingen wegzubringen fühlte sich tatsächlich an wie ein Befreiungsschlag. Denn mir war aufgefallen, dass ich viele Sachen besaß, die mir nicht gefehlt hatten und auch nicht fehlen würden, wenn sie plötzlich weg wären. Folglich brauchte ich sie auch nicht.

Sei großzügig im Loslassen – denk immer an einen Heißluftballon. Wer dort mitfährt, muss Ballast abwerfen, um aufzusteigen. Je weniger alte Dinge du in dein neues Leben mitnimmst, desto leichter wirst du vorankommen!

Die aussortierten Dinge kannst du zum Beispiel spenden. In Köln gibt es etwa ein Secondhand-Kaufhaus, in dem Obdachlose arbeiten. Man kann dort alles hinbringen, die Menschen freuen sich über Sachspenden, sortieren diese und verkaufen sie günstig weiter. So ist allen gedient. Alternativ gibt es natürlich auch viele Plattformen, über die man gebrauchte Kleidung, Bücher, Spiele, Technik verkaufen kann und so sogar noch ein bisschen Geld verdient.

2. Trenne dich von Energiefressern!

Kennst du die Energiefresser in deinem Leben? Ich vermute, du weißt, was ich meine – fast jede Frau kennt sie. Energiefresser können die verschiedensten Gestalten haben: Manchmal sind sie gut getarnt und fallen auf den ersten Blick gar nicht auf. Vielleicht ist es eine Bekannte oder Kollegin, die du eigentlich magst, die dir aber immer wieder in den Ohren liegt und über ihre verkorkste Beziehung jammert, ohne jemals ernsthaft etwas daran ändern zu wollen. Vielleicht ist auch dein Chef ein Energiefresser, weil er deine Grenzen nicht respektiert und dir immer mehr Arbeit auflädt, als du bewältigen kannst, bis in den Feierabend hinein.

Vielleicht verstecken sich die Energiefresser sogar in deinem familiären Umfeld. Dann gilt es, besonders aufzupassen auf deine Kraft. Möglicherweise geht dir die Mutter deines Partners schon länger kolossal auf die Nerven, weil sie sich überall einmischt. Du würdest ihr am liebsten mal gehörig die Meinung sagen, fürchtest aber um die Harmonie in der Familie. Eigentlich sollte ja auch dein Partner ein Machtwort sprechen, aber der hält sich bequem aus allem raus.

Vielleicht ist auch dein Partner ein Energiefresser, weil er nicht will, dass du persönlich wächst und dich weiterentwickelst, weil er dich lieber so behalten will, wie es immer war. Das soll leider auch vorkommen. Aber mal ehrlich: Ist es das, was *dich* glücklich macht?

Wer ist gut im Abgrenzen?

Einmal bitte die Hand heben. Du nicht? Damit bist du nicht allein. Aber: Auf dem Weg in das Leben, das du wirklich willst, solltest du dich von menschlichen Energiefressern klar und deutlich abgrenzen. Denn deine Energie brauchst du für andere Dinge. Dafür ist es erst einmal wichtig, dass du dir bewusst machst, wer in deinem Leben ungefragt deine Energie frisst – das erkennst du daran, wie du dich bei oder nach dem Kontakt mit einzelnen Personen fühlst.

Natürlich gibt es immer mal Momente, in denen wir alle einander brauchen, zum Beispiel im Falle von akutem Liebeskummer. Selbstverständlich sind wir dann für unsere beste Freundin da und stehen ihr mit Rat und Tat zur Seite.

Ich meine mit Energiefressern Personen, die dir langfristig nicht guttun. Wenn du feststellst, dass deine Chefin, dein Lebensgefährte oder die Nachbarin dir immer wieder Energie abzapfen wie ein großzügiger bayerischer Schankwirt beim Oktoberfest das Bier, dann gilt es, das nicht länger zuzulassen. Du bist schließlich kein Fass, und das Ziel kann nicht sein, dass alle um dich herum selig betrunken sind und du am Ende vollkommen leer und ausgelaugt bist.

Wie grenzt man sich als Frau denn nun erfolgreich ab? Glaub

mir, ich weiß, dass das gar nicht so einfach ist, und kann dir ein Lied davon singen. Auch ich habe lange gebraucht, um es zu lernen. Mehrere Erkenntnisse haben mir dabei geholfen. Diese möchte ich im Folgenden gerne mit dir teilen:

Hier geht's zum Glück:

1. Ich darf Grenzen setzen und werde immer noch geliebt

Wir Frauen wünschen uns ein harmonisches Miteinander in unserem sozialen Umfeld. Das ist vermutlich schon seit der Steinzeit so. Denn unser biologisches Überleben und das unserer Kinder brauchen einen sicheren Rahmen, und oft waren wir Frauen auf die Gunst eines Ernährers angewiesen. Da lässt man sich zugunsten dieser Sicherheit schon mal einiges gefallen, zum Beispiel, wenn jemand ungefragt über unsere Grenzen latscht.

Und natürlich wollen wir uns wie jeder Mensch geliebt fühlen, anderen gefallen und Anerkennung bekommen. Tief in uns drin befürchten wir manchmal, dass wir, wenn wir uns gegen den Wunsch unseres Gegenübers oder der Gemeinschaft stellen, unseren Platz verlieren im sozialen Gefüge. Deshalb kann es eine sehr heilsame Erfahrung sein, zu merken, dass wir auch dann geliebt werden, wenn wir »Nein« sagen oder eine andere Meinung vertreten. Zumindest die *richtigen* Menschen lieben uns noch und stehen weiter an unserer Seite, denn sie wollen, dass wir glücklich sind. Wer dich nicht mehr liebt, wenn du deine Wahrheit vertrittst, der passt vermutlich auch gar nicht zu der Zukunft, die du dir wünschst. Oder, was meinst du?

2. Eigener Raum ist wichtig

Wir Frauen merken oft erst im Nachhinein, wenn jemand unsere Grenzen überschritten hat. Dann grübeln wir zu Hause über das Geschehene nach, ärgern uns vielleicht und überlegen uns, wie wir jetzt reagieren sollen. Wir brauchen diesen eigenen Raum und Verschnaufpausen, um uns zu sortieren und innere Klarheit zu gewinnen. Wenn wir nicht genug eigenen Raum haben, um Kraft zu tanken und in unserer eigenen Energie zu sein, werden die meisten von uns unausgeglichen. Das kann zeitlich ebenso wie örtlich gemeint sein und ist nicht in Quadratmetern zu bemessen. Wir brauchen unseren Rückzugsort, um uns zu sortieren und die Akkus aufzuladen. Und genau zwischen diesem eigenen Raum und dem der anderen verläuft auch eine Grenze, die es zu wahren gilt.

3. Mein Körper weiß, was zu tun ist

Ein kluger Mann hat mich mal gefragt: *Welche Menschen sind angenehm für dein Nervensystem?* Das ist eine ungewöhnliche Frage, die man selten gestellt bekommt. Im Prinzip sensibilisiert sie uns, darauf zu achten, wie unterschiedlich unser Körper auf die Anwesenheit bestimmter Menschen reagiert.

Weil ich diese Frage so gut fand und sie fast jeder instinktiv beantworten kann, gebe ich sie deshalb gerne an dich weiter. *Also, wer tut deinem Nervensystem gut? In wessen Anwesenheit fühlt sich dein Körper wohl?*

Unser Körper verfügt über ein beeindruckendes, sensibles Nervensystem, welches den Energiefluss zwischen uns und den anderen genauestens registriert. Wir dürfen ihm vertrauen! Wenn wir unbewusst vor jemandem die

Arme verschränken, uns abwenden, zurücktreten oder Ähnliches, dann tun wir das oft, weil unser Körper längst registriert hat, dass ihm diese Energie nicht guttut.

Ich möchte dich daher einladen, genauer auf die Zeichen deines Körpers zu achten und ihnen zu folgen. Achte in nächster Zeit einfach mal bewusst darauf, bei welchen Menschen sich dein Körper entspannt und bei welchen er sich eher instinktiv verspannt. Meide den Kontakt mit letzteren Personen, wenn möglich, denn sie tun dir nicht gut!

Das klingt eigentlich so selbstverständlich, und dennoch handeln wir nicht immer danach – manchmal ist es ja auch nicht so einfach, sich abzugrenzen oder sogar einen Trennungsstrich zu ziehen. Denken wir etwa an berufliche Kontakte. Trotzdem ist wichtig, zu erkennen: Im Leben, das du wirklich willst, haben Energiefresser keinen Platz.

4. Was nicht passt, darf gehen

Loslassen ist, wie bereits erwähnt, für viele Menschen eine schwierige Angelegenheit. Dabei ist es eigentlich ein natürlicher Prozess. Wenn etwas seine Aufgabe nicht mehr erfüllt, darf es gehen. Die Bäume müssen im Herbst auch ihre Blätter loslassen, und sie machen sich wahrscheinlich nicht allzu viele Gedanken darum. Nur so kann im nächsten Frühling etwas Neues entstehen!

Bei uns Menschen ist das nicht anders. Erfüllt etwas seinen Sinn nicht mehr und schadet es eher, als es nutzt: Lächle wie ein Buddha und sage: *Auf Wiedersehen, du kannst gehen.*

Wenn du zum Beispiel eine Beziehung losgelassen hast, die dir früher wichtig war, deren Zeit aber vorüber ist, entsteht Platz für etwas Neues. Eine Tür schließt sich, und so kann sich eine neue Tür öffnen. Ich habe das schon oft erlebt, geht dir das auch so?

Wenn ein Job dich krank macht, dein Partner dich belügt oder eine Angelegenheit dich ständig Energie kostet, übe dich im Loslassen, und du wirst sehen, wie viel mehr Luft zum Atmen du dadurch gewinnst.

Diese gesunde Selbstfürsorge bezieht sich auf alle verschiedenen Ebenen menschlicher Beziehung: Partnerschaften, Arbeitsbeziehungen, Freundschaften. Wir sind gut beraten, wenn wir uns fragen, welche Beziehungen uns wirklich nähren, mit wem wir uns wirklich verbunden fühlen, und dort sollten wir Energie hineingeben.

In dem Zusammenhang ist es wichtig zu verstehen, dass Festhalten an etwas Ungesundem dir wirklich schadet. Das bezieht sich, oft unbewusst, auch auf die körperliche Ebene. Wenn zum Beispiel die Verdauung nicht funktioniert, fühlen wir uns schließlich auch nicht im Fluss, sondern schlecht. Altes sollte auf jeder Ebene ganz natürlich losgelassen werden.

Menschen halten alles Mögliche aus verschiedensten Gründen fest: Ganz oben in der Rangliste steht die Angst vor dem Alleinsein in Bezug auf Beziehungen. Die tollsten, schönsten Frauen, denen die Welt zu Füßen liegt, halten daher bisweilen an Männern fest, die sie schlecht behandeln. Vermutlich liegt es an alten Mustern und einem mangelnden Selbstwertgefühl.

Da es mein riesengroßer Herzenswunsch ist, dass jede Frau ihren wunderbaren Wert erkennt und Vertrauen in ein Universum voller Liebe entwickelt, soll dir dieses Buch helfen, an dich zu glauben und zu erkennen, dass du das Beste verdienst.

Schwierige Beziehungen sind eine Schule, um genau das zu erkennen – aber man will ja nicht ewig die Schule besuchen, nicht wahr?

Gleiches gilt für eine ungesunde berufliche Situation. Arbeit ist nicht dazu gedacht, uns zu langweilen oder – noch schlimmer – uns krank zu machen, sondern dazu, unsere Talente zum Ausdruck zu bringen und mit unseren natürlichen Begabungen die Welt zu bereichern und unseren Lebensunterhalt zu verdienen.

Das Klima und die Strukturen am Arbeitsplatz verraten viel über das Bewusstsein der Leitung. Passt das nicht zu deinem eigenen und tut dir nicht gut, ist es besser, langfristig etwas zu verändern. Du könntest zum Beispiel deine Stunden reduzieren und nebenbei Geld verdienen mit etwas, das dir mehr Freude bereitet. Oder du lässt dich professionell beraten und schaust dich nach anderen Jobangeboten um.

Ich habe schon oft die Erfahrung des Loslassens in meinem Leben gemacht und dadurch ein großes Vertrauen entwickelt. Es geht immer weiter – und meistens wird es besser. Mit etwas Abstand erkennst du auch viel klarer, was dir zuvor nicht gutgetan hat, und bist erleichtert. So kannst du freier und leichter in die Zukunft gehen.

Loslassen auf körperlicher Ebene

Herzlichen Glückwunsch! Jetzt hast du schon auf emotionaler Ebene aufgeräumt, dein Zuhause ausgemistet, dich von altem Ballast getrennt und hartnäckige Energiefresser aus deinem Umfeld in die Wüste geschickt! Vielleicht spürst du auch schon die Erleichterung – im wahrsten Sinne des Wortes.

Jetzt können wir dieser großen Erneuerungsaktion noch ein i-Tüpfelchen draufsetzen, indem wir uns auch auf körperlicher Ebene befreien, man könnte auch sagen: detoxen. Aber keine Sorge! Ich bin selbst ein ausgesprochener Genussmensch und überhaupt kein Freund von Selbstkasteiung samt Regeln und Verzicht auf die schönen Dinge des Lebens. Deshalb habe ich diesen Abschnitt auch an das Ende des ersten Kapitels gesetzt, damit du nicht verschreckt bist und beim Lesen den Eindruck bekommst, dass dieses Buch nicht nur Spaß macht, sondern in Wahrheit verdammt viel Arbeit bedeutet.

Nein, ich möchte auf jeden Fall, dass du Freude hast mit diesem Buch und mit diesem guten Gefühl wirklich Veränderungen in deinem Leben erzielst. Die Wahrheit ist nämlich, dass wir mit Freude und Leichtigkeit viel schneller vorankommen, höher schwingen und einfacher manifestieren können, was wir uns ersehnen.

Zum körperlichen Detox schlage ich deshalb einige Ideen vor, von denen ich aus eigener Erfahrung weiß, wie sie unsere Energie steigern können. Was du davon in deinem Alltag umsetzt, bleibt natürlich dir überlassen.

Du musst nicht Veganerin werden, dir jede Schokolade verbieten oder dich fortan nur noch frei von Kohlenhydraten ernähren. Solltest du dich damit gut fühlen, natürlich immer gerne, aber in meinen Augen ist das nicht für alle der Schlüssel zum

Glück. Hier kommen meine beiden persönlichen Feel-good-Empfehlungen, die einfach zu realisieren sind:

- Verzichte doch mal einen Monat auf Fleisch, Alkohol und Zucker. Das sind in meinen Augen Aspekte, die man gut weglassen kann und damit den ganzen Körper entlasten. Iss viel Salat und Gemüse. Vielleicht mixt du dir grüne Smoothies und frische Säfte. Wenn du Lust auf Süßes hast, gönne dir eine schöne große Dattel oder ein paar Nüsse – köstlich.
- Zusätzlich schlage ich dir vor, jeden Tag, wenn möglich, eine Stunde flott in der Natur spazieren zu gehen. Mach es dir zur festen Gewohnheit. Wahrscheinlich willst du bald nicht mehr darauf verzichten, weil du merkst, wie gut dir das tut. Mich motiviert beim Walken zusätzlich eine Fitnessuhr, die mir die zurückgelegte Strecke in Kilometern und Schritten anzeigt, dafür gibt es auch kostenlose Apps. Vielleicht hilft es dir, dabei inspirierende Hörbücher oder Podcasts zur Persönlichkeitsentwicklung zu hören. Du kannst natürlich auch joggen oder Fahrrad fahren, wenn dir das besser gefällt. Hauptsache, du bewegst dich jeden Tag ausgiebig an der frischen Luft. Im Kapitel »Steigere deine Energie« werden wir dieses Thema vertiefen.

Enttarne mögliches Suchtverhalten

Manchmal sammeln wir Frauen ja bekanntlich Frust- oder Schutzpölsterchen an unserem Körper an, wenn wir uns nicht im Einklang mit unserem Leben befinden. Eine unglückliche Beziehung oder Trennung, zu viel Stress oder ein allgemeines

Gefühl von Mangel oder Unzufriedenheit führen dazu, dass wir dieses Defizit durch zu viel Essen ausgleichen oder zumindest durch vermeintliche Seelentröster zu besänftigen versuchen.

Die meisten Frauen, mich selbst eingeschlossen, hatten schon mal solche Phasen – das ist total menschlich. Chips, Schokolade und Wein sind manchmal ja auch ganz lecker, aber dabei sollte es auch bleiben. Denn natürlich sind sie nicht das, wonach das Herz in Wahrheit verlangt, sondern lediglich ein Genussmittel, das uns kurzfristig ein gutes Gefühl gibt.

Auch häufiges Shoppen, ob in der Stadt oder online, oder der ausgeprägte Konsum von Social Media haben oft einen suchtartigen Charakter. Überhaupt stellt sich die Frage, ob die ständige Präsenz des Smartphones gesund ist und wirklich sein muss. Das schreibe ich mit einem Augenzwinkern, denn ich selbst kann mir ein Leben ohne nur schwer vorstellen.

Die Stimme deiner Seele hörst du am besten, wenn du so viele Schleier wie möglich lüftest, die sie bislang verdeckt haben. Ein klarer Geist braucht einen klaren Körper und Freiheit von Süchten, und somit bist du auf einem guten Weg mit einer Detox-Phase, die du ganz nach deinem Geschmack und nach deinen Regeln gestalten kannst. Entscheide selbst, auf was du wann und wie lange verzichtest. Lass dich danach überraschen von den zahlreichen Möglichkeiten, die sich neu auftun, und entdecke ein neues Körpergefühl!

Mein Selbsterfahrungsprozess beim Schreiben

Es klingt fast schon mystisch – beim Schreiben dieses Kapitels hatte ich das Gefühl, auf wundersame Weise vom Universum an die Hand genommen zu werden. Anfang 2021, mitten im

Corona-Winter, wurde die Idee zu diesem Buch geboren. Damit einher ging ein wunderbarer Schwung an Energie und Inspiration, ich setzte mich hin und tüftelte mehrere Tage an einem Buchkonzept.

Dabei bezog ich die Meinung meiner Freundinnen mit ein, die sich alle in unterschiedlichen Lebenssituationen befanden, denn ich wollte ein Buch schreiben, das möglichst vielen verschiedenen Frauen weiterhelfen kann, egal, wo sie gerade im Leben stehen …

Die eine Freundin hat drei Kinder, eine andere keine; eine ist älter, eine jünger, und ihre Lebensrealitäten sind sehr unterschiedlich. Doch ich stellte fest, dass ein Vier-Schritte-Buch hin zu dem Leben, das sie wirklich wollten, für alle sehr verlockend ist.

Hoch motiviert begann ich zu schreiben. Dann passierte plötzlich Folgendes: Ich verspürte das große Bedürfnis, die Aufgaben, über die ich schrieb, gründlich selbst zu erfüllen. Das empfand ich so bewusst und klar wie nie zuvor. Auch wenn ich schon früher emotionale Arbeit geleistet, mein Leben aufgeräumt und meine Wohnung ausgemistet hatte, erlebte ich es nun so, als könnte ich nicht weiterschreiben, bevor ich diese Dinge nicht erneut in aller Gründlichkeit getan hatte. Dadurch verstand ich, dass sich die vier Schritte der Neuausrichtung, die ich in meinem Buch beschreiben wollte, im Leben einer Frau öfter wiederholen, fast schon zyklisch. Je bewusster wir sie gestalten, desto besser!

Da wir uns im Lockdown befanden, konnte ich in aller Ruhe zu Hause meine Wohnung auf Vordermann bringen. Ich sortierte aus, trennte mich von vielem, überlegte, was ich wirklich brauchte. Es schien immer neue Bereiche zu geben, die ich unter die Lupe nehmen musste: Küchenschränke, Bad, Bücher, Kleiderschrank. Auf einmal fühlte ich mich sehr zum Minimalismus hingezogen. Es gab so vieles, was ich gar nicht brauchte. Zusammen mit meiner Mutter, die im gleichen Ort wohnt, räumte ich ihren Keller auf. Ein großer Stapel an Aussortiertem bildete sich vor der Kellertür, den ich nach dem Lockdown ins Secondhand-Kaufhaus bringen wollte. Das Gefühl der Befreiung von all diesen Dingen war wunderbar!

Als ich das Kapitel über emotionale Heilung schrieb, wurde ich vom Leben ebenfalls mit meinen eigenen Themen konfrontiert. Ein paar Wochen lang kam ich gar nicht zum Schreiben, weil ich an anderer Stelle so sehr eingespannt war, dass dies meine ganze Energie in Anspruch nahm. Die Eigenschaft des Helfersyndroms, die ich mit vielen anderen Frauen gemeinsam habe, kam heraus. Viel Energie floss in die Beschäftigung und die Sorge um Nahestehende – bis zu einem gewissen Punkt ist das Fürsorge, aber jenseits davon auch Ablenkung und Verstrickung. Das wurde mir in diesen Tagen deutlicher als je zuvor.

Ich war frustriert, begriff aber, dass ich selbst durch diese »Schule« gehen musste, bevor ich mich in den folgenden Schritten der Zukunft widmen konnte, meiner eigenen und der meiner Leserinnen. Je weniger Ballast wir mit uns tragen, desto mehr Klarheit erfüllt uns und desto leichter klappt es, die eigene Energie neu auszurichten und Neues zu manifestieren.

Ich spürte auch den Impuls, ein paar Angelegenheiten zu klären, und schrieb einer Freundin, mit der eine Zeit lang Funkstille geherrscht hatte. Außerdem sprach ich mit einem guten Freund, um den ich mir Gedanken machte. Ich sprach aus, was ich als ungeklärt empfand, und spürte Erleichterung darüber.

Auch was meine Gesundheit und mein Konsumverhalten

betraf, wurden mir beim Schreiben dieses Buches meine eigenen Verhaltensweisen und Schwachstellen bewusster und vor Augen geführt. Deshalb kam mir die Idee, den Monat Mai zum körperlichen und seelischen Detox zu nutzen. Ich wollte mich – erst mal als Experiment – einen Monat lang vegan ernähren und komplett auf Zucker und Alkohol verzichten. Bis dahin hatte ich mich schon relativ gesund ernährt, aber auch mal am Wochenende Wein zum Essen getrunken sowie Schokolade zwischendurch genascht.

Außerdem wollte ich mein Handy bewusster nutzen und öfter mal zu Hause lassen. In meinem Podcast erzählte ich von dieser Idee und rief unter dem Motto »Alles neu macht der Mai« dazu auf, mitzumachen. Dabei sollte jeder selbst entscheiden, von was er »entgiften« wollte. Eine Freundin verzichtete auf Zucker, eine andere nur auf Alkohol, eine dritte wollte ein paar Kilo abnehmen und aß weniger Kohlenhydrate. Uns allen tat dieser gesündere Monat richtig gut.

Nachdem ich auf verschiedenen Ebenen gründlich aufgeräumt und diese Phase mit dem Detox-Monat abgeschlossen hatte, konnte ich wieder weiterschreiben. Es ging auf einmal wie von selbst, und ich fühlte mich so viel befreiter und sortierter.

Vielleicht wird es bei dir ähnlich sein: Wenn du im ersten Schritt dein Leben gründlich aufräumst, Frieden schließt mit der Vergangenheit, dein Umfeld genau unter die Lupe nimmst und dich auch von allem physischen Ballast in deiner Umgebung befreist, schaffst du die idealen Voraussetzungen für deine glasklare Neuausrichtung. Nimm dir für diesen Prozess ruhig die Zeit, die du brauchst. Es ist durchaus Arbeit, aber diese lohnt sich ungemein!

Falls du ein bisschen perfektionistisch veranlagt bist, lass locker und versuche, die Dinge so zu ordnen, wie es jetzt für dich passt. Denn wie du an meinem Beispiel siehst: Die vier Schritte wiederholen sich ohnehin in einer anderen Lebensphase auf einem neuen Niveau. Und dann freue ich mich natürlich, wenn du dieses Buch wieder zur Hand nimmst und es dir erneut hilfreich zur Seite steht.

2. Schritt:

Zeit für deine Wahrheit!

Mehr als die Vergangenheit interessiert mich die Zukunft, denn in ihr gedenke ich zu leben.

ALBERT EINSTEIN

Bühne frei für dein Herz

Jetzt beschäftigen wir uns mit *allen Impulsen deiner Seele*, die darauf warten, endlich gelebt zu werden.

Tauche tief ein und verbinde dich mit deiner Wahrheit, deiner Lebensvision und deinem inneren Ruf. Kreiere deine glasklare Vision der Zukunft, die du wirklich willst. Weil du es dir wert bist!

Jetzt ist Zeit für *deine* Wahrheit.

Nach der Aufräumaktion auf allen Ebenen haben wir gute Voraussetzungen geschaffen, damit du deine Intuition und die Impulse deines Herzens nun eindeutig wahrnimmst. Im Leben ist es wie beim Ausmisten des Kleiderschrankes: Hast du dich einmal von allen unnötigen Klamotten befreit, freust du dich über einen viel besseren Überblick und erkennst deine Lieblingsstücke auf Anhieb.

Wenn du nun den Fragen in diesem Kapitel nachgehst, empfehle ich dir außerdem größtmögliche Ruhe. Nimm dir dafür eine Auszeit, wenn möglich sogar ein paar Tage. Vielleicht hast du ja noch Urlaub oder du kannst die üblichen Aufgaben an den Rest der Familie übergeben. Möglicherweise kannst du ja übers Wochenende irgendwo hinfahren, wo dein Körper entspannen, deine Seele baumeln und dein Herz mit dir sprechen kann, ohne dass dauernd jemand anderes dich ablenkt.

Schließlich geht es hier um dein Leben, um deine Zufriedenheit – und von dieser profitiert in deinem Umfeld jeder! Wenn du dich ernst nimmst, dann tun das auch die anderen. Da Generationen von Frauen sich über Jahrhunderte selbst hintenangestellt haben, ist es höchste Zeit, das zu ändern. Findest du nicht auch?

Beginnen wir also das Projekt deiner Wahrheitssuche an einem aufgeräumten Tisch ohne Ablenkungen.

Atme erst mal tief durch, schließe die Augen für einen Moment und spüre deine Füße auf dem Boden. Beglückwünsche dich innerlich zu deiner Entscheidung, das absolut Beste aus deinem kostbaren Leben zu machen! Denn damit beschreitest du den Königsweg und verlässt das bequeme Terrain der angestaubt-vertrauten Komfortzone, einschließlich eingetretener Trampelpfade langweiliger Routinen und Ausreden.

Du entscheidest dich damit dafür, die volle Verantwortung für dich, deinen Körper, deine Gesundheit auf jeder Ebene, deine Gefühle, deine Talente und Sehnsüchte zu übernehmen.

Das ist schon eine ziemlich reife Leistung, finde ich. Denn auch wenn es manchmal verlockend ist, die Schuld für eigenes Missempfinden dem Partner, den quengelnden Kindern oder der nervenden Kollegin zu geben, so weiß die bewusste Frau doch, dass all das ein Spielfeld ist, das sie selbst gewählt hat und mitgestalten kann. Je klarer und entschlossener diese Erkenntnis der eigenen Verantwortung ist, desto mehr Schöpferkraft fließt dir zu.

Wer schreibt, der bleibt!

Als äußeres Symbol deiner inneren Veränderung brauchst du als Erstes ein hübsches Notizbuch. Darin kannst du alle deine Erkenntnisse zu deiner inneren Wahrheit aufschreiben und für dich festhalten. Durch das Schreiben wird viel innerlich bewegt werden und in Fluss kommen. Du wirst deine Intuition anzapfen, die schon die ganze Zeit aufgeregt mit den Hufen scharrt und sich freut, dir zu zeigen, wo es zukünftig langgeht in deinem Leben.

Schlag nun dein Notizbuch auf und schreib auf die erste Seite ein feierliches Manifest – ein Versprechen an dich selbst. Wir Deutschen sind ja recht gewissenhaft veranlagt und nehmen schriftlich fixierte Vertragsinhalte sehr ernst. Das machen wir uns jetzt einfach mal für uns selbst zunutze.

Dein Manifest – ein Textvorschlag

Mein Vertrag mit mir selbst

Ich, (Name einsetzen), verspreche mir heute, am (Datum einsetzen), fortan voll und ganz meiner inneren Wahrheit zu folgen. Meine Lebenszeit ist so kostbar, und ich verdiene das beste Leben, das ich mir vorstellen kann. Mein Glück dient allen und ist von Bedeutung!

Ich achte auf meinen Körper, meine Bedürfnisse und meine Gesundheit. Dazu zählen Bewegung, bewusste Ernährung und regelmäßige Entspannung. Ich vertraue meiner Intuition, meinem Herzen und folge meinen inneren Impulsen. Ich bin bereit, zu lernen, zu wachsen und meine Talente zum Ausdruck zu bringen, um das große Ganze zu bereichern.

Ich kenne meinen Wert und lasse alles los, was dem nicht entspricht. Ich weiß, dass das Leben Neues und Bes-

seres für mich bereithält, und bin offen für Zeichen und Veränderungen.

Dankbar schätze ich jeden Tag alle Geschenke, die das Leben für mich eröffnet. Ich trage die Fülle-Brille und sehe die Schönheit des Lebens durch mein offenes Herz.

Ich bin gut zu mir und verbinde mich mit allen gleichgesinnten Frauen auf dieser Welt. Es ist an der Zeit, alte Wunden zu heilen und unsere Kraft voll anzunehmen. Wenn wir freudig unsere Aufgabe in der Welt erfüllen, verkörpern wir ein gutes Vorbild für unsere Töchter.

Dies ist eine allgemeine Vorlage, die du natürlich um individuelle Aspekte ergänzen und verändern kannst, die für dich persönlich wichtig sind. Versuche, diese positiv zu formulieren mit dem Fokus auf dem, was du dir wünschst.

»*Ich toleriere ab sofort keine Machos und Idioten mehr, die mich schlecht behandeln*« wird zu:

»*Ich toleriere fortan nur bewusste Männer, die mich königlich und mit Respekt behandeln.*«

»*Ab sofort ist nicht mehr alles andere wichtiger als meine Bedürfnisse*« wird besser zu:

»*Ab sofort mache ich zu meiner Priorität, dass es mir gut geht.*«

Es ist nämlich so: Wir ziehen zukünftig das in unser Leben, worauf wir uns heute konzentrieren. Und wollen wir nicht alle jede Menge Gutes?

Was ist wirklich deins?

Der erste Schritt ist getan, dein Manifest ist verfasst und unterzeichnet. Jetzt lade ich dich ein, dir einmal im Detail deine ureigenen persönlichen Bedürfnisse vor Augen zu führen. Die Aufgabe klingt einfach, ist es aber gar nicht. Denn oft halten wir die falschen Dinge dafür.

Wir bekommen in unserer Kindheit und Jugend viele Vorstellungen und Rollenbilder vermittelt und denken oft automatisch, dass diese auch für uns gelten. Zum Beispiel: Bis 35 sollte man als Frau spätestens heiraten, ein Haus bauen und Kinder bekommen. Eine gute, moderne Mutter soll gut gelaunt und liebevoll die Kinder erziehen, den Haushalt im Griff haben und bald wieder arbeiten gehen.

2017 stand ich selbst an diesem Punkt: Der Partner, die Schwiegerfamilie und häufige Familienfeiern gab es bereits. Reihenhaus und Baby schienen in Sichtweite. Vor mir lag ein Leben, wie es sich viele vorstellen und wie es irgendwie auch noch immer dem bürgerlichen Standard entspricht.

Allerdings rebellierte mein Bauchgefühl. Irgendetwas stimmte nicht. Ich brauchte eine ganze Weile, um mir selbst einzugestehen, dass dieser Lebensentwurf in dieser Konstellation nicht *meiner Wahrheit* entsprach. Ich steuerte auf eine Zukunft zu, die mir im tiefsten Inneren gar nicht zusagte.

So kam es statt einer Hochzeit zur Trennung nach fünf Jahren Beziehung. Ich zog mit Mitte 30 wieder in meinen Heimatort zurück und landete mit Sack und Pack im Haus meiner Mutter. Autsch!

Eine Entwicklung, die mich wie bei einem Brettspiel auf *Start* zurücksetzte, die mich allerdings auch zutiefst aufatmen ließ! Bald fand ich einen neuen Job, eine wunderschöne Wohnung ganz für mich allein und spürte wieder die innere Zufriedenheit, die sich einstellt, wenn wir im Einklang mit unserer inneren Wahrheit leben.

Zwei mir wichtige Werte und Bedürfnisse sind Freiheit und Entfaltung. In der damaligen Beziehung wäre beides zu kurz gekommen. Idealerweise kann das Bedürfnis nach Beziehung und Nähe mit dem Bedürfnis nach Entfaltung kombiniert werden, wenn beide Partner diese Werte teilen. Das klappt aber nicht immer.

Passenderweise las ich im folgenden Sommer auf meinem Balkon im Liegestuhl liegend »Eat, Pray, Love« von Elisabeth Gilbert, die ganz Ähnliches erlebt und Mann, Haus und sicheren Job hinter sich gelassen hat, weil sie spürte, dass dieses Leben einfach nicht ihrem Herzensweg entsprach. Stattdessen reiste sie ein Jahr lang um die Welt und berichtete über ihre Erfahrungen in ihrem Buch. Die gleichnamige Verfilmung mit Julia Roberts in der Hauptrolle begeisterte Frauen weltweit, da die Geschichte so viele Sehnsüchte anspricht.

Vielleicht ist es bei dir aber auch genau andersherum, und die Familie hat gerade oberste Priorität – auch das ist wunderbar! Wichtig ist nur, dass du herausfindest, was wirklich deiner Vorstellung vom Leben entspricht. Denn wenn wir gegen unsere Wahrheit leben, dimmen wir unnötig unser inneres Licht, unser Potenzial und sind so auch kein gutes Vorbild für unsere Kinder.

Vorstellungen dürfen sich ändern

Vielleicht bist du gerade frisch getrennt und stehst am Beginn eines neuen Lebensabschnitts. Deine Kinder sind groß, und nachdem dein Mann dir vor 20 Jahren noch die Sterne des

Himmels zu Füßen gelegt hat, waren es in den letzten Jahren leider nur noch seine Socken. Das soll kein Einzelfall sein.

Damals dachtest du noch, dass du glückliche Ehefrau sein möchtest, bis der Tod euch scheidet, und jetzt merkst du, dass du noch etwas anderes brauchst, um glücklich zu sein. Das ist absolut verständlich. Wir alle gehen durch unterschiedliche Lebensphasen und können dadurch persönlich wachsen.

Allerdings glaube ich, dass jeder Mensch ein bestimmtes Grundnaturell und individuelle Bedürfnisse hat, die sich auch im Verlauf unseres Lebens nicht ändern. Je besser wir diese kennen und damit im Einklang leben, desto zufriedener sind wir.

Die eine Frau fühlt sich am wohlsten unter Menschen und liebt das Gewusel einer Großfamilie. Die andere dagegen ist hochsensibel und braucht Zeiten des Alleinseins wie die Luft zum Atmen. Die eine schätzt Sicherheit, die andere das Risiko. Diese Liste ließe sich beliebig fortführen.

Doch hier und jetzt geht es um dich! Was brauchst du? Schreib es einfach mal schwarz auf weiß auf. Das alleine ist bereits ein Luxus, den sich unsere »Vorfahrinnen« vor 200 Jahren nicht leisten konnten. So lange wurden die Bedürfnisse der Frauen nicht wichtig genommen. Abgesehen davon, waren Bildung und die Fähigkeit zu schreiben ein Privileg, das nur wenigen vorbehalten war – zumindest, wenn wir mal ein paar Jahrhunderte zurückschauen.

Der Status quo deiner Bedürfnisse

Mach dir jetzt ganz bewusst, was du eigentlich brauchst, um glücklich zu sein. Du kennst dich selbst am besten und wirst garantiert dein ganzes Leben mit dir verbringen – da macht es

Sinn, Fakten zu benennen. Skizziere deshalb nun in deinem Notizbuch so detailliert wie möglich deine aktuellen Wünsche und Bedürfnisse. Geh dabei ganz persönlich und individuell auf dich ein, als ob du eine Gebrauchsanweisung für dich selbst formulierst. Schreib alles auf, was dir einfällt!

Hier geht's zum Glück: Lerne deine Bedürfnisse kennen

Schreib so detailliert wie möglich deine Wünsche und Bedürfnisse auf. Was brauchst du in den verschiedenen Bereichen, um dich so richtig wohlzufühlen? Ergänze die Liste gerne um alle Aspekte, die dir darüber hinaus noch wichtig sind.

Um mich körperlich gut zu fühlen, brauche ich (gesunde Ernährung, Art von Sport und Bewegung, Schlafmenge/Tag, Zeit nur für mich etc.):

....

....

....

....

....

....

Für mein seelisches und emotionales Wohlbefinden brauche ich (am Morgen genug Zeit für ein Frühstück, Auszeiten ohne Arbeit, Mediation etc.):

....

....

....

Ich wünsche mir in meiner Partnerschaft (Vertrauen, Treue, Zeit zu zweit, Zeit für andere etc.):

In beruflicher Hinsicht brauche ich (Sicherheit, Selbstständigkeit, ein gutes Team, Kreativität etc.):

Ich brauche in geistiger und spiritueller Hinsicht (Kunst, Literatur, Theater, Religion/Kirche, Meditation, Gleichgesinnte etc.):

Diese Menschen tun mir gut (Familie, Freunde, Kollegen, Nachbarn, Bekannte, Brieffreunde etc.):

....

....

....

....

....

....

An diesen Orten bin ich gern, dort tanke ich auf (in meiner Wohnung/meinem Haus, auf Reisen, in meiner näheren Umgebung etc.):

....

....

....

....

....

....

Fertig? Großartig!

Du weißt jetzt schon mal ganz genau, was du brauchst, und das ist eine stabile Basis für dein inneres Gleichgewicht. Möglicherweise sind deine Bedürfnisse in deinem jetzigen Leben aber noch nicht in der Art erfüllt, wie du sie oben notiert hast. Überlege doch an dieser Stelle, wie du das ändern kannst, und schreib dies auf. Vielleicht magst du dir den Zettel als Memo zu Hause aufhängen, um dich täglich daran zu erinnern. Wenn du gut für dich sorgst, scheint dein Licht heller und kann sich immer weiter ausdehnen.

Komfortzonen und Schweinehunde

Nur mit vollem Akku kann man Gas geben

Es gibt bei den meisten Menschen tausend vermeintliche Gründe, warum die eigenen Bedürfnisse hintenangestellt werden – allen voran das eigene Umfeld. Natürlich ist es auch in einem Familienverbund wichtig, die Bedürfnisse aller zu achten, und besonders als Mutter gilt es, sich um das Wohl der Kinder zu kümmern. Allerdings – und da bin ich sicher – sind alle Beteiligten glücklicher, wenn sie authentisch sie selbst sein können. Wenn jeder bekommt, was er oder sie braucht, und offen und ehrlich kommuniziert, was sie/ihn bewegt.

Es war viel zu lang selbstverständlich und normal, dass Frauen ihre Bedürfnisse zurückstellten. Meine älteste Freundin hat drei Kinder und bestätigte mir, wie stark auch heute noch der *»Ich kann doch nicht an mich denken«*-Gedanke unter Müttern verbreitet ist. In einer Mutter-Kind-Kur an der Ostsee vermittelte ihr eine Kursleiterin das Bild eines Akkus, um die Notwendigkeit zur Selbstfürsorge zu verdeutlichen: Wenn der eigene Akku leer ist, wie will ich dann anderen etwas geben? Das leuchtete meiner Freundin und allen dabei anwesenden Müttern sofort ein.

Dennoch möchte kaum eine Frau egoistisch oder gar egozentrisch erscheinen. Wenn jemand nur um sich selbst kreist, ist das unangenehm. Hier geht es aber um verantwortungsvolle, gesunde Selbstfürsorge als Basis für alles andere. Schließlich sind wir erwachsen, und die Zeiten, in denen einem als Frau kaum etwas anderes übrig blieb, als abhängig von einem Partner und Versorger zu sein, sind zum Glück vorbei.

Denn wenn wir uns nicht um uns selbst kümmern, wer tut es dann?

Andere Menschen spiegeln uns übrigens, wie gut wir selbst mit uns umgehen. Wenn wir uns selbst respektieren, gut auf unsere Bedürfnisse achten, dabei freundlich und gleichzeitig klar Grenzen setzen, wo nötig, werden andere Menschen ebenso wertschätzend mit uns umgehen. Wenn wir uns dagegen häufig übernehmen, nicht »Nein« sagen können und ständig am Limit laufen, werden wir leicht ausgenutzt und erfahren nicht den Respekt, den wir verdienen.

Deswegen, du wunderbare Frau, erkenne deinen eigenen Wert und handle entsprechend.

Schweinehunde in allen Facetten

Jede Frau hat einen inneren Schweinehund. Er verleitet uns dazu, Schokolade statt Müsli zu essen, lässt uns auf dem Sofa liegen, anstatt joggen zu gehen, und sorgt dafür, dass wir möglicherweise ein Leben lang in der vertrauten Komfortzone verharren. Der innere Schweinehund scheut Anstrengung und Ungewohntes, er faulenzt lieber auf seinem vertrauten Kuschelkissen, als durch die Wildnis zu toben und Abenteuer zu erleben.

Es gibt zwei Arten, mit dem Schweinehund umzugehen. Im ersten, unbewussten Fall lassen wir unser Leben vom Schweinehund bestimmen. Das endet leider oft in Unzufriedenheit, Langeweile, Übergewicht und Frust. Im zweiten, bewussten Fall erkennen wir, dass wir sein »Frauchen« sind und den Ton angeben. Der Hund hat sich nach uns zu richten, nicht umgekehrt!

In meinen Augen geht es nicht darum, den Schweinehund zu verdammen oder schlecht zu behandeln. Schließlich sind die meisten von uns tierfreundlich, und genauso nett sollten wir bekanntlich auch zu uns selbst und unseren inneren Anteilen sein. Manchmal hat der innere Schweinehund ja auch eine Schutzfunktion und möchte die Super Women und Workaholics unter uns davor bewahren, auszubrennen.

Aber genau wie mit einem richtigen Hund müssen wir auch mit dem inneren täglich Gassi gehen, auf gesunde Ernährung achten, genug Abwechslung schaffen und bei unseren Ausflügen öfter mal neue Wege wagen.

Bei jeder Frau äußert sich der innere Schweinehund anders. Meist wird er im Zusammenhang mit körperlicher Bewegung genannt, aber meiner Meinung nach ist er auch verantwortlich dafür, wenn wir hinsichtlich unserer persönlichen und beruflichen Entwicklung auf der Stelle treten.

Ich hatte zum Beispiel in puncto Sport nie mit mangelnder Motivation zu kämpfen und bin sehr bewegungsfreudig. Mein Schweinehund hat mich aber länger blockiert, selbstbewusste Schritte in meine berufliche Selbstständigkeit zu wagen. Seit Ende meines Studiums hatte ich immer einen festen Job und arbeitete nebenbei etwas freiberuflich. Meine eigenen Kurse und Projekte machten mir großen Spaß und hatten Zulauf, später kamen sogar erfolgreiche Bücher hinzu, und ich träumte davon, meine Nebentätigkeit professionell auszubauen.

Doch mein Schweinehund fand es immer sehr bequem, in seinem sicheren Körbchen der Teilzeitanstellung zu liegen, zumal es sich um einen guten Job in unmittelbarer Nähe meines Zuhauses handelte. Ein festes monatliches Gehalt zu Corona-Zeiten, Rentenbeiträge, nette Menschen und Kollegen, mit denen ich arbeitete – das gibt man ja so schnell nicht auf! Ich spürte dennoch immer wieder, wie die Vision sich in mir regte, »all in« zu gehen für das, was ich zunehmend als meine Berufung erkannte: als Coach und Autorin zu wirken, Seminare zu geben, zu reisen und einfach mein ganzes Herzblut und meinen Fokus dorthin zu geben.

Doch hier traf der Schweinehund einen anderen Saboteur weiblicher Entwicklung: das Kleinhaltemuster!

Dieses Muster dürfte den meisten Frauen bekannt sein, denn es handelt sich um ein kollektives Frauenthema. Mir ging es genauso. Sehr lange war ich das nette Mädchen gewesen, in vielerlei Hinsicht auch recht bescheiden und bodenständig, eher der Kumpeltyp zum Pferdestehlen als die Glamour-Diva mit Diamanten um den Hals. Ich betrieb meine selbstständigen Projekte, Onlinekurse und Coachings nebenbei, spürte aber in der Zusammenarbeit mit meinen Klientinnen, wie sehr mir das lag und dass ich den Frauen gut weiterhelfen konnte. Warum wagte ich nicht den Sprung? Warum hielt ich mich selbst klein?

Ich glaube, dass es vor allem an der Gewohnheit lag. Ich kannte den neuen Zustand noch nicht, konnte noch nicht spüren, wie es sich anfühlen würde. Der Vorgeschmack gefiel mir, aber lange war ich einfach zu bequem, um das Altbekannte zu verlassen. Die vertraute Realität kreierte sich somit immer wieder neu, und ich blieb in meiner Komfortzone, bis ich begriff, dass es darum ging, meinen eigenen Wert zu erkennen und mir den Erfolg selbst zu erlauben. Denn auch wenn ich schon wichtige Schritte in meiner persönlichen Entwicklung gegangen war, gab es da noch viel Spielraum nach oben.

Drei Kennzeichen des Schweinehundelebens

Es gibt drei Gründe, warum Menschen nicht das Leben führen, das sie sich eigentlich wünschen und das sie auch verdienen, und warum sie nicht die Dinge tun, von denen sie heimlich träumen. Ich nenne diesen Zustand das »Schweinehundeleben«. Wir kennen es phasenweise vermutlich alle, zumindest Elemente davon.

1. **Bequemlichkeit:** Die meisten Menschen sind so damit beschäftigt, das Leben zu leben, wie sie es eben gelernt haben. Dass es auch Möglichkeiten außerhalb dieser Komfortzone gibt, wird kaum in Erwägung gezogen. So manifestiert sich fortlaufend das Altbekannte. Ist ja auch bequem und sicher, wenngleich nicht so spannend.

2. **Unklarheit:** Mir ist aufgefallen, dass viele Menschen oft genau wissen, was sie *nicht* wollen, und häufig nur darüber reden. Auf der anderen Seite können sie nicht klar formulieren, was genau sie *wollen*, wie das aussehen und sich anfühlen soll. Wenn wir dem Navi in unserem Inneren aber kein Ziel eingeben, wie soll uns das Leben dann dort hinbringen?

3. **Die eigene Schöpferkraft wird nicht erkannt.** Wir Menschen haben so viele Gestaltungsmöglichkeiten, wenn wir das Gesetz von Ursache und Wirkung erkennen und verstehen und fühlen lernen, wie wir Einfluss auf unsere individuelle und kollektive Wirklichkeit nehmen können. Tun wir das nicht, ist es, als ob uns eine Riesenluxusvilla mit Pool und Privatstrand zur Verfügung stünde, aber wir freiwillig den ganzen Tag am Küchentisch hocken.
   Lady, machen wir uns auf den Weg zur Villa!

Wie gehen wir mit dem Schweinehund um?

Wenn wir also dem Schweinehund und der Komfortzone den Vorrang geben, wiederholt sich unsere bekannte Realität immer wieder, und wir dürfen keine Veränderung erwarten. Mit anderen Worten: Wenn du immer wieder das Gleiche tust, bekommst du natürlich auch immer wieder die gleichen Ergebnisse.

Was hilft denn nun wirklich dabei, gewohntes Terrain zu verlassen und die erwünschten Veränderungen herbeizuführen? Was hat mir geholfen? In einem Satz formuliert:

Die innere Sehnsucht muss größer sein als die Bequemlichkeit!

Etwas in uns weiß nämlich längst, was wir uns wünschen und mit welcher Aufgabe wir in dieses Leben gekommen sind. In klaren Momenten sind wir mit dieser Intuition verbunden, und in uns blitzen Ideen auf, die uns mit tiefer Freude erfüllen. Damit meine ich nicht diese oberflächlichen, flüchtigen Glücksmomente, wie man sie zum Beispiel beim Shopping erleben kann, wenn man eine phänomenale Handtasche ergattert hat. Dadurch kann das Herz natürlich auch freudig höher schlagen, aber jede Frau weiß, dass diese Momente vorübergehender Natur sind.

Nein, ich meine ein tieferes Glücksgefühl jenseits aller materiellen Freuden. Es ist, als ob sich etwas in uns an einen tiefen Vorsatz erinnert, den wir vor langer Zeit mal gefasst haben. Wir wissen vielleicht nicht, woher diese inneren Bilder und Visionen kommen, aber sie sind da und fühlen sich einfach richtig an.

Wie wenn du auf der Suche nach einem neuen Heim plötzlich vor einer Immobilie stehst und weißt: Dies ist mein neues

Haus. Oder wenn du einem Mann begegnest und innerlich spürst: Den werde ich heiraten.

Liebe auf den ersten Blick, intuitives Wissen, inneres Navi – nenne es, wie du willst.

Diesen in uns leuchtenden Visionen gilt es, vertrauensvoll zu folgen. Man weiß vielleicht noch nicht, auf welche Weise sie sich verwirklichen werden, aber das Universum findet immer Wege, auf die wir selbst gar nicht kommen würden.

Unsere Aufgabe ist es, uns selbst zu öffnen für diese Ziele, zu vertrauen und aktiv loszugehen. Dann werden wir auf unserem Weg unterstützt. Es geht darum, etwas Neues zu wagen.

Auch wenn sich nicht wenige Frauen über ihren Job, Partner und vieles andere beklagen, bleiben sie leider meistens trotzdem lieber in der Situation, als diese mutig und Schritt für Schritt zu verändern. Denn auch wenn sie dies nicht glücklich macht, so fühlt es sich immerhin vertraut an. Das gibt ein Gefühl von Sicherheit. Wie wenn man ein muffiges Kuscheltier, das dringend mal in die Waschmaschine müsste, einfach immer weiter festhält, weil man es so gewohnt ist.

Mit anderen Worten:

Der Schweinehund hat weiter das Sagen, obwohl er sich in Wahrheit eigentlich Auslauf wünscht.

Der gesunde Kompromiss: Die Ausdehnung der Komfortzone

Damit sind wir wieder beim Stichwort »Komfortzone«. Allerdings birgt diese auch etwas Gutes, selbst wenn man überall aufgefordert wird, sie mal endlich zu verlassen, um sich zu entwickeln. Denn das Bedürfnis nach Sicherheit hat auch seine Berechtigung.

Mit anderen Worten: Ein Baum kann nur wachsen und blühen, wenn er sichere Wurzeln und einen festen Stand hat. Dies habe ich vor einigen Jahren ziemlich deutlich am eigenen Leib erfahren müssen. Seitdem weiß ich die Bedeutung der drei festen Säulen im Leben zu schätzen:

1. **Love** – Menschen und Verbindungen, die unser Leben ausmachen, eine gute Partnerschaft, Freunde, eine Familie, die zu uns hält.
2. **Home** – ein Zuhause, ein Ort, an dem wir sein können, wer wir sind; eine Heimat.
3. **Job** – ein Beruf, finanzielles Einkommen, das unsere Existenz sichert.

Idealerweise befinden sich alle drei Bereiche im Einklang miteinander. Findet in einem Bereich eine Veränderung statt, z. B. die Trennung vom Lebenspartner oder der Verlust des Jobs, können die beiden anderen Säulen die notwendige Stabilität gewährleisten, um weiterhin im Leben gut zu funktionieren.

Dieses Modell kannte ich damals leider noch nicht, als ich nach zwölf Jahren meinen Job kündigte und die Heimat, Familie und Freunde verließ, um an einen ganz fremden Ort zu ziehen, wo ich niemanden kannte; aber nach einigen Jahren Fernbeziehung mit meinem damaligen Freund zusammenleben wollte. Alle drei Bereiche – Love, Home und Job – kamen gleichzeitig in Veränderung. Daher hatte ich mehrere Monate das Gefühl, völlig den Boden unter den Füßen zu verlieren. Umso mehr weiß ich seit dieser Erfahrung das Gefühl von Sicherheit zu schätzen, das mir mein vertrautes Zuhause schenkt mit Familie und Freunden in der Nähe sowie einem geregelten Job, der mir genug Freiraum für selbstständige Projekte lässt.

Deshalb bin ich ein großer Fan der Formulierung *»Dehne deine Komfortzone aus«* anstelle von *»Verlasse deine Komfortzone«*.

Ausdehnung bedeutet, dass wir vertraute Elemente unseres Lebens als wichtige Basis erkennen und behalten können *und* gleichzeitig wachsen und Neues wagen dürfen. Das ist aus meiner Sicht meistens wesentlich gesünder und entspannter, als ohne rettendes Boot durch den Ozean zu treiben. Was meinst du?

Wenn auch du dich also manchmal zwischen den Stühlen fühlst – einerseits nach Veränderung sehnst und andererseits auch nicht ganz dein gewohntes Leben aufgeben willst –, kann ich dich beruhigen: Es ist möglich zu wachsen, und zwar auf der Basis eines sicheren Bodens. Vielleicht wächst du da sogar noch besser!

Der Umgang mit der Komfortzone mag sicherlich auch ein bisschen Typsache sein. Die eine Frau dreht gern schon mal ihr Leben auf links, die andere ist sehr vorsichtig, was persönliche Veränderungen betrifft. Außerdem ist man in jungen Jahren vermutlich experimentierfreudiger als in der Lebensmitte oder später.

Da ich persönlich ein recht bodenständiger Mensch bin, möchte ich dir in jedem Fall die Wichtigkeit stabiler Wurzeln ans Herz legen. Denke einfach an den Baum, der fest im Boden verankert ist und sich dadurch in der Krone ausdehnen und wunderschön blühen kann. Wurzeln bilden stets die Basis, egal, ob du vom Typ eine zarte Birke, ein blühender Kirschbaum oder eine rustikale Eiche bist. Was für eine gute Gewissheit.

Hier geht's zum Glück: Tipps für gesunde Wurzeln

Halte deine drei Säulen im Gleichgewicht

Eine Balance der Bereiche Partnerschaft, Zuhause und Beruf verleiht dir, wie oben beschrieben, wunderbare Stabilität und Wurzeln in deinem Leben. Du kannst natürlich auch glücklich sein, wenn zwei Komponenten davon zufriedenstellend funktionieren und du auf zwei Beinen stehst. Aber drei Säulen als Fundament sind besser – und wir Menschen haben langfristig gleichermaßen das Bedürfnis nach Partnerschaft, einem schönen Zuhause und beruflicher Erfüllung. Dir steht das alles zu, warum solltest du dich mit weniger zufriedengeben?

Verbringe Zeit in der Natur

Geh spazieren, joggen und halte dich so viel wie möglich an der frischen Luft auf. Auch du bist ein Kind der Natur, und diese hautnah zu erleben stärkt deine Wurzeln. Einen Hund oder eine Katze zu halten, zu streicheln und zu versorgen erdet dich ebenfalls und ist gleichermaßen gut fürs Herz. Auch Naturgeräusche wie ein Springbrunnen, Pflanzen in deiner Wohnung, auf dem Balkon und im Garten sowie regelmäßiges Gärtnern haben einen ähnlichen Effekt.

Pflege deine Basis – Bedürfnisse!

Wurzeln brauchen Erde. Deshalb ist alles, was uns mit der Erde verbindet, gut. Unser Körper ist ja auch Teil dieser Erde, und wenn wir im Einklang mit ihm und seinen Bedürfnissen leben, sind wir auch im Einklang mit unserer Umwelt. Die Basis-Bedürfnisse unseres menschlichen Körpers sind

Schlafen, Essen, Trinken, Bewegung, Entspannung, Kontakt und Berührung. Wenn wir anfangen, wieder ganz natürlich die Stimme unseres Körpers wahrzunehmen und ihr zu folgen, können wir uns tief entspannen und immer mehr in uns selbst zu Hause fühlen.

Mach dein Herz zu deinem Kompass

Intuitiv wissen wir, dass das Herz nicht nur der organische Lebensmotor unseres Körpers ist. Es ist auch ein Barometer, wie sehr wir mit unseren Emotionen im Einklang leben. Es verbindet uns auf einer anderen Ebene mit einer größeren Wirklichkeit. Mit unserem Herzen haben wir eine Art Kompass mitbekommen, der uns im Leben den Weg weist, den unsere Seele sich wünscht. Nicht umsonst ist es ein beliebter Ratschlag, dem Herzen zu folgen!

Es scheint allerdings auch relativ normal in diesem Leben zu sein, dass wir vorübergehend unsere innere Weisheit und Verbundenheit vergessen. Wenn du als moderne Frau zwischen Kita, Firma, Schwiegereltern und Doppelhaushälfte hin und her hetzt und nicht nur deinen Mann, sondern auch noch die Blumen im Garten bei Laune halten willst, beansprucht das einfach einen Großteil der Zeit. Idealerweise befindet sich das alles im Einklang mit deinem inneren Kompass.

Nur wenn wir gegen unsere innere Wahrheit leben, die unser Herz uns zeigt, manifestieren sich im äußeren Leben Probleme. Wenn du also lieber eine Weltreise machen und als digitale

Nomadin leben möchtest, als in der Reihenhaussiedlung dein Glück zu finden, wird dein Herz dort früher oder später Alarm schlagen. Oder umgekehrt, in der Ferne meldet sich dein Herz mit Heimweh und dem Wunsch nach einem bürgerlich geregelten Leben. Entweder fällt dir das Dach zu Hause auf den Kopf oder die Palme in der Ferne, um mal beide Extremvarianten vorzustellen. In der Regel richten wir uns in so einem Fall wieder verstärkt nach innen, hören besser auf unser Herz und versuchen, eine neue Balance zu finden.

Frauen und ihr Herz

Wir Frauen sind eigentlich ganz gut darin, unsere Gefühle zu spüren und die Stimme unseres Herzens zu vernehmen. Wir haben ein gutes Bauchgefühl, wissen intuitiv, wenn etwas nicht richtig oder stimmig ist und wo es uns hinzieht.

Allerdings dürfen wir unserer inneren Stimme auch bedingungslos folgen! Ansonsten ist es so, als ob wir zwar ein supertolles Rezept mit detaillierten Inhaltsangaben für einen fantastischen, cremigen New York Cheesecake hätten, doch anstatt zwei Packungen sahnigen Frischkäses mischen wir aus irgendeinem Grund fettreduzierten Joghurt in die Creme und statt weißer Schokolade Lakritz. Wir müssen uns dann nicht wundern, dass uns der Kuchen bzw. unser Leben nicht so richtig schmeckt, wenn wir nicht dem Rezept folgen, das unser Herz uns vorgibt.

Begründet werden kann das zu einem großen Teil durch die Tatsache, dass wir über viele Generationen einen dicken Sack an Regeln vererbt bekommen haben, wie wir uns als Frauen zu verhalten haben. *Sei eine gute Ehefrau, eine vorbildliche Hausfrau und Mutter, stell dich möglichst selbst hinten an und halte bitte dein Haus picobello in Schuss – was sollen sonst die Leute denken?*

Ja, das klingt wie ein Credo aus dem vergangenen Jahrhundert, über das wir längst hinweg sein sollten. Aber was jahrhundertelang galt, hinterlässt Spuren bis in unser modernes digitales Zeitalter. Auch heute noch verhindert das Gewicht unbewusster familiärer und gesellschaftlicher Erwartungen auf vielen zarten weiblichen Schultern ein Leben in Leichtigkeit. Viele Frauen leben auch heute noch ein Leben, das von ihnen erwartet wird, und halten sich selbst dadurch unnötig klein. Doch die innere Sehnsucht, das Gefühl, dass das Leben noch mehr bereithält, klopft beharrlich an und lässt viele von uns neue Schritte wagen und über uns hinauswachsen.

Wir Töchter tragen individuelle und kollektive Aufgaben in uns, die unsere Mütter, Großmütter und Ahninnen nur bis zu einem gewissen Grad erfüllen konnten. Auch wir geben diese Themen, unserem Bewusstseinsstand entsprechend, an unsere Töchter weiter.

Deshalb lasst uns – für alle, die vor uns kamen und nach uns kommen werden – auf unser Herz hören und das kostbare Geschenk unseres Lebens voll ausschöpfen. Je mehr Frauen dies tun, desto mehr werden von diesem Licht angesteckt werden und desto selbstverständlicher sind wir Frauen es uns wert, aus dem Vollen zu schöpfen und den Weg zu gehen, der uns glücklich macht.

Mit anderen Worten: Wenn uns ein wunderbares, für uns maßgeschneidertes Kleid zusteht, in dem wir strahlen können wie ein geschliffener Diamant, müssen wir nicht mit einem Kleidchen von der Stange herumlaufen.

Hier geht's zum Glück:
Hör auf dein Herz

Es geht also darum, im ersten Schritt auf dein Herz zu hören und die Impulse, Bilder und Ahnungen, die es dir schickt, ernst zu nehmen. Die Veranlagung dazu hast du in die Wiege gelegt bekommen.

- Ein guter Indikator, der dir anzeigt, dass deine Ideen deinem Herzen entspringen, ist ein Gefühl von Leichtigkeit und Liebe. Wenn deine inneren Bilder, Gedanken und Impulse von einem warmen Gefühl begleitet sind, spricht dein Herz zu dir. Wenn du hineinfühlst und eine Ausdehnung und Verbundenheit empfindest, bist du auf dem richtigen Weg. Spürst du hingegen ein Zusammenziehen im Brustraum, kommt der Plan nicht von deinem Herzen. Du trägst diesen inneren Kompass stets bei dir, nutze ihn! Mit ein bisschen Übung klappt das immer besser.
- Dann ist es genauso wichtig, deine Herzimpulse aktiv umzusetzen. Das beginnt bei Kleinigkeiten im Alltag. Wenn du zum Beispiel morgens vor dem Kleiderschrank stehst und überlegst, was du heute anziehen sollst, schau, welche Farben und welcher Stil sich heute gut und richtig anfühlen.
- Wenn du im Kontakt mit anderen Menschen stehst, verbinde in deiner Vorstellung deine Augen, deine Stimme und dein Handeln mit deinem Herzen. Jeder mag herzliche Menschen und fühlt sich wohl in ihrer Nähe. Mach dein Herz zu deiner wichtigsten inneren Entscheidungsinstanz, ohne den Verstand oder Intellekt außen vor zu

lassen. Du wirst merken, dass du dich viel verbundener mit dir selbst fühlst.

- Wenn du dich beruflich in einer sehr kopflastigen Umgebung befindest, in der andere Werte und Prioritäten zählen, lass dich nicht unterkriegen. Nimm dir abseits davon Zeiten, in denen du dich mit deinem Herzen verbindest, und vielleicht gelingt es dir ja, diese Qualität auch in deinen Berufsalltag zu integrieren.

Du wirst merken, dass dein Herz immer deutlicher und präziser zu dir spricht, je mehr du auf es hörst!

Frage dich jeden Tag: Was kann ich heute tun, um aus dem Herzen heraus zu leben?

Deinem Herzen folgen – sieben Regeln

1. Herzzeit statt Hamsterrad

Stell dir vor, du hast eine Verabredung mit deinem Herzen. Richtig gelesen! Wenn du eine gute Freundin triffst, die dir etwas erzählen möchte, nimmst du dir auch Zeit und hörst zu, nicht wahr? Mach also ein regelmäßiges, festes Ritual daraus und gib diesem einen Namen, zum Beispiel »Herzzeit«. Finde ein schönes Plätzchen dafür, wo du dich wohlfühlst, und komm zur Ruhe. Dich selbst wahrzunehmen ist der erste Schritt, damit dein Herz zu dir sprechen kann. Ob du dazu eine Meditation machst, Yoga oder etwas anderes, liegt ganz bei dir. Leg anschließend einfach eine Hand auf dein Herz und stell dir vor, du atmest in den Raum unter deiner Hand. Das kannst du auch im Alltag ganz prima, zum Beispiel, wenn du auf dem Sofa oder im Liegestuhl liegst.

2. Annahme üben

Was auch immer du in dir wahrnimmst, nimm es an. Das Herz bewertet nicht, deshalb mögen wir herzliche Menschen lieber als Nörgler! Selbstannahme ist die Voraussetzung, damit du deinem Herzen folgen kannst. Fast jeder von uns hat in seinem Leben bestimmte Erfahrungen gemacht, aufgrund derer er sein Herz bis zu einem bestimmten Punkt verschlossen hat. Solange wir Schmerz vermeiden wollen, leben wir aber nicht aus dem Herzen heraus und können ihm nicht folgen. Im zweiten Schritt geht es deshalb darum, zu bejahen, was sich gerade zeigt. Atme tief ein und sage »herzlich willkommen« zu dir selbst!

3. Natürlichkeit

Heutzutage gibt es viel unnötigen Schnickschnack auf jeder Ebene. Im ersten Teil des Buches haben wir deshalb ausgemistet. Was aus dem Herzen kommt, ist einfach und echt. Alles Natürliche im Außen verstärkt alles Natürliche im Innen – somit auch die wahren Impulse deines Herzens. Mach deshalb Natürlichkeit in jeder Hinsicht zu deinem Motto. Der passende Ort dafür ist natürlich draußen. In der Natur kann das Herz viel besser zu uns sprechen als in der stressigen, lauten Großstadt. Halte dich deshalb täglich eine Zeit lang in der Natur auf – oder zumindest auf deinem Balkon zwischen den Pflanzen – geh draußen spazieren, walken oder joggen.

4. Weite oder Enge

Der einfachste Weg, wie das Herz körperlich mit uns spricht, ist durch ein Gefühl von Enge oder Weite bzw. An- und Entspannung. Achte mal darauf, in welchen Situationen dein Herz sich öffnet und wann du das Gefühl hast, dass es sich verschließt. Meist haben wir dann gleichzeitig eine tiefe oder eine flache Atmung. Vertraue dieser Wahrnehmung, denn der Körper lügt nie. Unser Herz ist viel weiser als der Verstand.

5. Kommuniziere aus dem Herzen

Du kannst vom Kopf aus kommunizieren oder vom Herzen. Letzteres schafft Verbindung, Nähe zu anderen Menschen und fühlt sich weicher an. Sei einfach mit einem Teil deiner Präsenz immer in deinem Herzen. Je besser du wahrnimmst, was dort passiert, desto besser kannst du dich auch auf dieser Ebene mitteilen und das Herz des Gegenübers erreichen.

6. Die Masterfrage: Was fühlt sich richtig an?

Gerade wir Frauen wissen meist recht schnell, was sich richtig anfühlt. Jetzt gilt es, das nicht zu zerdenken oder noch fünf Freundinnen um ihren Rat zu fragen, sondern einfach unserer inneren Stimme, du kannst es auch Intuition nennen, zu vertrauen. Bei größeren Entscheidungen ist der Rat nahestehender Menschen natürlich sinnvoll, dennoch ist es am wichtigsten, was du selbst fühlst. Dein Herz kennt nämlich selbst bereits die Wahrheit. Gute Freundinnen verstärken übrigens deine Intuition, weil sie dich kennen.

7. Setze deine Herzimpulse im Leben um

Folge in deinem Leben beruflich und privat immer mehr dem, was dein Herz öffnet – Aktivitäten, Menschen und Beschäftigungen, bei denen du dich wohl, sicher und lebendig fühlst. Lass los, was dein Herz verschließt. Sei es dir wert. Deinem Herzen zu folgen bedeutet auch, dich nicht länger zu verbiegen, sondern ganz du selbst zu sein. Kenne deine Werte und überlege, was dich in der Zukunft »ruft«. Denn du hast wie jeder Mensch eine Berufung, also eine Herzensaufgabe, wie du dich in der Welt einbringen kannst. Diese zu entdecken und zu leben wird dein Herz noch weiter und glücklicher machen, dir neue Energie zuführen und das große Ganze verbessern.

Erkenne deine Schöpferkraft

Wir sind die Schöpferinnen unseres Lebens und unserer Wirklichkeit. Je mehr wir aus dem Herzen leben, desto bewusster erkennen wir unsere Gestaltungsmöglichkeiten. Wir machen dann nicht mehr andere Menschen, die Umstände oder alte Prägungen verantwortlich, sondern übernehmen selbst die Verantwortung für unser Befinden und den Weg, den wir wählen. Das ist auf eine sehr feminine und kraftvolle Art erwachsen, kann aber durchaus auf spielerische Weise geschehen. Denn ein schöpferischer Geist ist kreativ und spielt gern.

Natürlich haben wir Frauen entsprechend unserer Aufgaben in Job und Familie unterschiedlich viel Zeit zur Verfügung.

Meine beiden langjährigsten Freundinnen, die ich schon seit Kindertagen kenne, haben jeweils drei Kinder, Ehemann und Haus und sind zusätzlich in Teilzeit berufstätig. Beide sind recht ausgelastet, viel unterwegs, um die Kinder herumzufahren, und manchmal gestresst. Gleichzeitig sind sie aber auch die wunderbarsten Mütter, die man sich vorstellen kann, lieben ihre Kinder über alles und haben sich bewusst für diese Lebensform entschieden. Sie leben ihre Verantwortung, und ich bewundere sie dafür, wie sie ihre Familie versorgen.

Andere Freundinnen von mir haben keine Kinder und somit, objektiv gesehen, etwas mehr Zeit für Kreativität und für sich selbst. Ich glaube, es ist aber nicht wichtig, welche Lebensform wir wählen, sondern es ist entscheidend zu erkennen, dass wir stets die Wahl haben, in welchem *Bewusstsein* wir leben wollen.

Ob klassisch im Reihenhaus mit Familie oder als Single in einer WG, ob unkonventionell auf Bali – eine Bekannte von mir ist Tantra-Lehrerin und verbringt ihre Freizeit dort – oder als Nonne im Kloster im Dienste Gottes: Alles ist gut und hat seine Berechtigung, und *wir* sind es, die wählen, wie wir leben, und sich bewusst dafür entscheiden. Manchmal ändert sich diese Wahl nach Jahren, und auch das ist vollkommen in Ordnung. Hauptsache, wir wählen bewusst.

Love it, change it or leave it!

Kennst du auch Menschen, die immer wieder über ihre Umstände jammern, aber nichts daran ändern? Ich meine nicht vorübergehende schwierige Situationen, in die wir alle mal rutschen können und worüber man durchaus auch laut fluchen darf, wenn man sich gerade am Tiefpunkt befindet. Ich spreche vielmehr von denjenigen Menschen, die sich gemütlich in ungesunden Situationen eingerichtet haben, gewohnheitsmäßig klagen, aber dennoch niemals aktiv ihren Zustand verändern würden. Sei es eine toxische Beziehung oder ein ungesunder Job – wobei beides beendet und geändert werden könnte! Der Kontakt mit Menschen, die jammern, ohne jemals zu handeln, ist anstrengend und kostet Energie. Wir überlegen uns ab einem bestimmten Punkt, ob wir wirklich ans Telefon gehen wollen, oder hören irgendwann einfach nicht mehr richtig zu.

Die Zauberlösung für das Problem dieser Menschen ist – tadaaa – die Erkenntnis der eigenen Verantwortung und ihrer Schöpferkraft! Ich liebe deshalb das Motto »Love it, change it or leave it!« Es bedeutet: Sei zufrieden, verändere etwas oder verlasse die Situation. Ganz einfach. Dieser Satz kann jede von uns jederzeit wieder auf den richtigen Weg führen.

Wähle das Schöpferbewusstsein!

Du hast zu diesem Buch gegriffen, weil du die Schöpferin in dir leben und deine Zukunft bewusst positiv gestalten möchtest – und das ist wunderbar. Vielleicht ist dir auch aufgefallen, dass es in den vergangenen Jahren in der weiblichen Szene rund um Persönlichkeitsentwicklung und Spiritualität sehr in Mode gekommen ist, »die Göttin in sich« zum Leben zu erwecken? Ein witziger Trend, wie ich finde.

Begriffe wie »Magical Feminine Divine Power«, »Golden Goddess Circle« oder »die Erweckung der weiblichen Urkraft« begegnen uns immer wieder und erinnern uns daran, dass wir mehr sind als ein weiblicher Körper mit zwei Brüsten und möglicherweise etwas Cellulite und Dehnungsstreifen an den Oberschenkeln.

Ich sehe diesen Göttinnen-Trend ganz pragmatisch als Ausdruck unseres Wunsches, als Frau in unserer Kraft zu sein, unseren Wert zu kennen und ein glückliches, selbstbestimmtes Leben zu führen. Ob mit goldenem Göttinnen-Glitzer-Staub oder ohne ist dabei ganz egal. Hauptsache, wir leben freudig unsere Verantwortung, jammern nicht und nutzen unsere Kreativität, Intuition und Tatkraft, um das Leben so zu formen, wie wir es gern hätten.

Erinnere dich deshalb von nun an jeden Morgen daran, dass es in deiner Hand liegt, wie du durch den Tag gehen möchtest. Vielleicht magst du dir zur Erinnerung einen kleinen Erinnerungsanker schaffen? Du könntest dir zum Beispiel selbst eine Halskette schenken mit einem hübschen Anhänger, der dich an deine Schöpferkraft erinnert. Oder du hängst ein Bild über dein Bett, das diese Qualität für dich symbolisiert, oder du schreibst eine Botschaft als Affirmation auf deinen Spiegel, in dem du dich täglich betrachtest.

Nutze deine Schätze!

Kennst du deine zehn größten Stärken und Talente? Wenn nicht, wird es höchste Zeit, sie kennenzulernen und zum Ausdruck zu bringen! Wir sind nämlich alle mit einzigartigen Schätzen ausgestattet, die genutzt werden möchten. Schöne Perlenketten und Diamantencolliers sollten schließlich auch nicht ein Leben lang in einer verschlossenen Schmuckdose herumliegen, sondern an einem schönen Hals zur Geltung kommen und ihre Trägerin zum Strahlen bringen.

Auch deine Persönlichkeit besitzt Diamanten, auch wenn du sie vielleicht für selbstverständlich und gewöhnlichen Modeschmuck hältst. Vielleicht denkst du, das, was du kannst und bist, hat jede Frau; du denkst, das sei nichts Besonderes. Mir ist aufgefallen, dass viele nette Frauen, wenn sie nach ihren Talenten gefragt werden, rumdrucksen, erst mal lange überlegen und irgendwann vielleicht schüchtern etwas äußern wie: »*Hmmm, ich glaube, ich kann ganz gut kochen.*«

Das ist jedoch viel zu bescheiden, wenn du mich fragst! Oft haben gerade diese bescheidenen Damen die größten Talente, ihnen ist es nur noch nicht bewusst. Erkenne deshalb unbedingt den Wert deiner Talente und Stärken. Im Bewusstsein der Qualitäten, die dich auszeichnen, gehst du viel aufrechter und selbstbewusster durch dein Leben und verkörperst viel eher deine volle Größe. Vor allem kannst du wirklich den Platz im Leben einnehmen, der dir bestimmt ist, und deinen inneren Ruf in die Tat umsetzen.

Zu lange haben wir Frauen – oft gezwungenermaßen – unser Licht unter den Scheffel gestellt, doch damit dienen wir niemandem. Nicht uns selbst und nicht unseren Lieben. Eine Frau hingegen, die ihr inneres Licht strahlen lässt, weil sie sich kennt, selbst wertschätzt und ihrem Herzen folgt, vermag viele Menschen in ihrem Umfeld im positiven Sinne anzustecken. Wie durch einen Dominoeffekt erinnern sich dadurch weitere Frauen an ihre eigenen Schätze und ihr inneres Licht und möchten dies zum Ausdruck bringen.

Dabei ist es auch ganz wichtig, dass im Erkennen unseres eigenen Lichtes, unserer Einzigartigkeit jedes Gefühl von Konkurrenz überflüssig wird.

Wenn du wahrhaft begreifst, wie wunderbar, liebenswert und schön du selbst bist, wirst du Gleiches in anderen Frauen erkennen!

Zieh die Fülle-Brille an und betrachte dich selbst damit. Sieh dich mit den Augen einer besten Freundin und richte den Blick auf all das Schöne, das in dir ist – wie in jedem Menschen.

Dieses Bewusstsein entwickeln wir meist nicht von heute auf morgen. Vermutlich haben wir uns alle schon mal unzulänglich gefühlt und mit anderen Frauen verglichen, die wir in dem Moment als schöner, schlanker oder erfolgreicher wahrgenommen haben. Vielleicht waren wir neidisch auf eine andere Frau, die uns in dem Moment privilegierter erschien oder etwas hatte, das uns fehlte. Neid ist menschlich, er macht uns darauf aufmerksam, was wir selbst gern hätten.

Gabby Bernstein beschreibt in ihrem Buch »Das Universum schenkt dir alles«, wie sie Neid empfand auf Freundinnen, die ein Kind bekamen – da sie sich selbst so sehnlich wünschte, endlich schwanger zu werden. Sie merkte jedoch schnell, welch negative Schwingung im Gefühl des Neids liegt, und beschloss, sich ab sofort für ihre Freundinnen zu freuen. Dadurch brachte sie sich wieder in Einklang mit dem Universum und empfing einige Zeit darauf selbst ein Kind.

Findest du nicht auch, dass ein schwesterliches Miteinander wunderschön ist? Eine freundschaftliche Verbindung unter uns Frauen, in der wir uns füreinander freuen, uns gegenseitig feiern und emporheben? Ich glaube, dass es in der neuen Zeit genauso sein darf. Jede von uns kann dazu beitragen, indem sie sich bewusst daran erinnert und andere Frauen wie Schwestern betrachtet und behandelt. Auf einer seelischen und kollektiven Ebene sind wir das nämlich, und jede Frau, die persönlich wächst und Gutes tut, trägt zur Heilung des kollektiven Weiblichen bei.

Lass uns also die Schätze erkennen, die wir selbst besitzen und die andere Frauen in sich tragen!

Es gehört zur Praxis der Selbstliebe, sich aktiv mit den eigenen Stärken und Talenten auseinanderzusetzen, sie zu fördern und ihnen gebührend Raum im eigenen Leben zu schenken. Je mehr wir dies tun, desto mehr Freude werden wir empfinden und desto mehr kommt unser Leben in die richtige Spur.

Meine zehn größten Talente

Notiere nun in der folgenden Liste deine zehn größten Schätze. Dies können Eigenschaften, Talente, Handlungsweisen etc. sein. Beschreibe sie detailliert und ergänze den Nutzen und Wert, den sie stiften. Befrage auch gern Freunde und Familie dazu, denn sie kennen dich gut und können dir sicher ein wertvolles Feedback geben. Sollten die Punkte sich nicht mit deinen decken oder für dich nicht an erster Stelle kommen, höre auch hier vor allem auf deine innere Stimme, die mit dir spricht.

Lass dich überraschen!

1. ....
2. ....
3. ....
4. ....
5. ....

6. ....
7. ....
8. ....
9. ....
10. ....

Betrachte nun deine Liste. Wie fühlt es sich für dich an, dir deiner Talente bewusst zu sein? Genieße erst mal die Freude, die damit einhergeht. Atme tief ein im Bewusstsein, dass diese Gaben in dir ein Geschenk sind, für dich und dein Leben, mit dem du Gutes bewirken kannst in der Welt.

Wenn wir unsere individuellen Gaben und Talente aktiv leben und zum Ausdruck bringen, sind wir von Leichtigkeit erfüllt und empfinden ein Gefühl von Sinn. Unsere Seele wirkt durch uns und freut sich, dass wir auf dem richtigen Weg sind.

Finde deine Berufung

Wir sind alle aus einem bestimmten Grund hier. Ein Teil von dir weiß das genau, und dieser Teil möchte gehört werden und wachsen – deshalb liest du jetzt diese Zeilen.

Erinnerst du dich an Momente in deinem Leben, in denen du dich hellwach und lebendig fühltest und den Eindruck hattest, genau zur richtigen Zeit am richtigen Ort zu sein und das Richtige zu tun? Oder kennst du diese innere Ahnung, die dich immer wieder in eine bestimmte Richtung zieht und aufruft, bestimmte Schritte in deiner Zukunft umzusetzen? Blitzen immer mal wieder Ideen in dir auf, die dich an eine innere Sehnsucht erinnern, einer Aufgabe nachzugehen, die dich mit Freude erfüllt? Kennst du diese vagen inneren Bilder oder auch klarere Visionen, die dir deine Seele schickt?

Der Weg zur eigenen Berufung verläuft sehr unterschiedlich. Ich traf mal einen Mann, der schon als kleiner Junge wusste, dass er Pilot werden wollte, und der seinen Traum wahr gemacht hat. Bereits in jungen Jahren flog er mit Lufthansa-Flugzeugen um die Welt und genoss sein Leben im Wissen, dass er genau das für ihn Richtige tat.

Meine Schulkameradin Suzanna erzählte bereits als Teenager am Gymnasium, dass sie mal ins All fliegen würde, und wurde dafür von vielen ausgelacht. Mittlerweile erntet sie jedoch große Anerkennung, denn nach ihrem Studium der Astrophysik und renommierten Tätigkeiten rund um den Globus gelangte sie in die Endausscheidung des Projektes »Die Astronautin«, das die erste deutsche Frau ins All schicken möchte. Außerdem moderiert sie erfolgreich ein bekanntes Wissenschaftsmagazin.

Manch einer findet aber auch erst durch Umwege zur eigenen Berufung. Aus Vernunft oder auf Druck der Eltern hin wird zunächst ein »vernünftiger« und vermeintlich sicherer Beruf gewählt. Sätze wie dieser haben bestimmt viele von uns schon gehört: »*Kind, mach doch eine Banklehre, das ist was Solides.*«

Möchte das Kind aber eigentlich gar keine Banklehre, fühlt die Seele sich nicht auf dem richtigen Weg und empfindet früher oder später einen nicht zu überhörenden Leidensdruck. Ich habe übrigens nichts gegen Banken, das kann auch anderswo passieren.

Manchmal stimmt die Firmenpolitik auch nicht mit den eigenen Werten überein; Erkrankungen wie Burn-out oder Bore-out sind deutliche Signale, dass die Work-Life-Balance durcheinander ist und das Leben ins Gleichgewicht gebracht werden möchte. Es ist nämlich sehr anstrengend, sich dauerhaft zu verbiegen, und in meinen Augen ist das Leben auch nicht dafür gedacht. Zeit, um neue Wege auszuprobieren!

Auf dem Weg zu meiner Berufung erlebte ich selbst verschiedene Stationen: Ich spürte schon früh, dass das Schreiben zu meiner Lebensaufgabe gehört, und wollte zunächst Journalistin werden. Mit Anfang 20 bot sich in den Semesterferien die Gelegenheit, bei einem großen privaten Fernsehsender ein Praktikum zu absolvieren und Medienluft zu schnuppern. Zunächst war ich neugierig auf die redaktionelle Arbeit im Sender und beeindruckt, die bekannten Moderatoren dort »in echt« zu treffen.

Doch sehr bald kam mir vieles in der Fernsehwelt überhaupt nicht aufrichtig vor. Manche Leute waren sehr nett und offen, aber mir begegneten auch an vielen Stellen offensichtliche Oberflächlichkeit, übertriebene Selbstinszenierung und kühle Arroganz. Ich litt häufig an Bauchschmerzen und war mir bereits nach wenigen Tagen sicher, dass dies nicht meine Welt war.

So wählte ich dann erst mal einen anderen Weg, einen gesundheitsorientierten Studienschwerpunkt, und arbeitete viele Jahre als Sporttherapeutin. Die direkte Arbeit mit Menschen hatte mir immer viel Spaß gemacht, und zusätzlich freute ich mich über nette Kollegen. Ein paar Jahre später begann ich schließlich, Artikel für ein Sportmagazin zu schreiben.

Mit Anfang 30 wurde mein innerer Ruf noch deutlicher, mich auf das Schreiben zu konzentrieren, und mein erster Ratgeber entstand. Ich fühlte mich vom Leben geführt, fand einen passenden Verlag und schrieb in den folgenden Jahren fünf weitere Bücher. Ich hatte meine Aufgabe gefunden und empfand dies nicht als Arbeit, sondern als Freude.

Genau daran erkennen wir übrigens, dass es sich bei einer Tätigkeit um unsere Berufung handelt – wir empfinden dabei ein Gefühl von Leichtigkeit und Freude.

Das Leben möchte auch, dass wir uns gut fühlen bei der Arbeit und sie uns leicht von der Hand geht. Es ist altes Denken, dass Arbeit schwer und anstrengend sein muss, uns auslaugt und nur durch »Rettungsinseln« im Alltag wie das Wochenende, die Ferien und die Aussicht auf die Rente erträglich wird.

Genauso wenig müssen wir auch mit einem Mann zusammenbleiben, der uns nicht guttut. Wenn ein Mann nicht wertschätzend, aufmerksam und liebevoll an deiner Seite steht, darfst du ihm genauso die Kündigung aussprechen wie einem ungeliebten Arbeitgeber. Damit solltest du in meinen Augen auch nicht allzu lange warten, denn deine Lebenszeit ist kostbar.

Letztlich ist es eine Frage des Selbstwerts, mit wie wenig oder viel wir uns zufriedengeben, im Job genauso wie in der Liebe.

Schlechte Jobs und unglückliche Beziehungen fordern uns auf, unser Selbstwertgefühl zu stärken. Es ist jederzeit möglich, zu wachsen und sich weiterzuentwickeln. Das Außen spiegelt uns stets zuverlässig, wo wir gerade stehen.

Brotjobs

Der Weg zur eigenen Berufung beinhaltet meist verschiedene Etappen. Auf dem Weg dahin arbeiten viele Frauen in einem »Brotjob«, der ihnen ein sicheres Gehalt, aber nicht unbedingt die große Erfüllung schenkt. In meinen Augen ist es allerdings besser, vorübergehend einen solchen Job zu haben, als gar nicht zu arbeiten, denn Arbeit schenkt uns Bestätigung und durch das selbst verdiente Gehalt auch eine gewisse Autonomie. Neben den Aufgaben in der Familie bleibt vielen Frauen einfach wenig Zeit, sich so um die Karriere zu kümmern wie Männer. Andere Aspekte haben oft Priorität. Irgendwann kommt jedoch meist die Sehnsucht nach einer sinnvollen Aufgabe hoch, die den eigenen Talenten und Stärken entspricht.

Was für ein Typ bist du? Welche Bedürfnisse hast du im Beruf? Was macht dich glücklich?

Du kannst als angestellte Sozialpädagogin, freischaffende Künstlerin oder Franchise-Unternehmerin glücklich sein oder teils festangestellt, teils selbstständig arbeiten. Alles ist gut, wenn es deinen natürlichen Talenten und Bedürfnissen entspricht, Spaß macht und sich richtig anfühlt.

Ich persönlich brauche den Kontakt zu echten Menschen und Begegnungen im wahren Leben. Für mich wäre deshalb ein reines Online-Business nichts, aber zusätzlich zu kontaktreichen Tätigkeiten vor Ort habe ich mir im Internet ein weiteres Standbein aufgebaut und biete Onlinekurse zu den Themen meiner Bücher – übrigens auch zu diesem – und Podcasts. Das macht mir Spaß und schenkt mir die Möglichkeit, kreativ zu sein.

Gibt es überhaupt die eine Berufung?

Gibt es *die* eine ultimative Berufung? Die Aufgabe, die man irgendwann endlich wählt, um sie ein Leben lang auszuüben? Eine interessante Frage.

Ich bin davon überzeugt, dass uns unser innerer Ruf in eine bestimmte Richtung führt, die wir langfristig verfolgen und die unserer Lebensaufgabe entspricht. Der Pilot, den ich bereits erwähnte, wird vermutlich im Laufe seines Lebens verschiedene Flugzeuge fliegen, mal Kurzstrecke, mal Langstrecke. Das Oberthema seiner Berufung ist und bleibt jedoch das Fliegen.

Eine Freundin von mir ist Friseurin. Während sie ihre Kundinnen hübsch macht, hört sie tagtäglich viele Geschichten. Sie ist eine aufmerksame Gesprächspartnerin, und bei ihr bekommen die Kundinnen nicht nur eine schöne Frisur, sondern auch ein offenes Ohr geboten. Nach vielen Jahren Selbstständigkeit im eigenen Salon in der Stadt wohnt sie mittlerweile auf dem Land, ist verheiratet und hat in ihrem eigenen Haus ihr »Frisierzimmer«. Sie hilft Frauen, sich schön und gut zu fühlen. Ihre Aufgabe ist die gleiche, aber das Drumherum hat sich verändert.

Häufig hat die Berufung auch mit der eigenen Lebensgeschichte zu tun und einem inneren Schmerz.

Eine erfolgreiche Youtuberin ist Beziehungscoach für Frauen und hilft ihnen, eine ernste und glückliche Beziehung zu erschaffen. Jahrelang war sie selbst auf der Suche nach dem Mann ihres Lebens, nachdem ihr als Mädchen die Aufmerksamkeit und Fürsorge ihres Vaters gefehlt hatte. Sie hat diesen Schmerz und das Problem ihrer Kundinnen selbst durchlebt und zwei Kinder von zwei verschiedenen Männern bekommen. Mittlerweile ist sie seit Längerem in einer festen glücklichen Beziehung und mit ihrer Coachingfirma sehr erfolgreich.

Mein starker Wunsch ist es, Frauen zu inspirieren, das Beste aus ihrem wertvollen Leben zu machen. In meiner eigenen Familiengeschichte habe ich nämlich deutlich erlebt, wie Frauen sich für andere aufopfern und dabei ihre eigenen Bedürfnisse vergessen. Ich habe den Podcast »Happy Woman – Impulse für ein neues Lebensgefühl« ins Leben gerufen, um möglichst viele Frauen daran zu erinnern, ihrem eigenen Herzen zu folgen.

Vielleicht hast auch du schon eine Idee, welches das Thema deines Lebens sein könnte? Was treibt dich schon seit deiner Jugend um? Von welchem Beruf hast du immer geträumt und warum? Was hat dich sehr geprägt? Welchen Schmerz hast du möglicherweise bereits bewältigt, welche Herausforderungen hast du schon gemeistert und könntest anderen dabei helfen, dies auch zu schaffen?

Mach dir ein paar Notizen dazu oder meditiere darüber – wir haben alle so viel in uns, was auch anderen helfen kann!

Zeit für deine Vision!

Nach der Lektüre dieser Seiten wird sich vielleicht schon freudig deine innere Stimme gemeldet haben, die nur darauf wartet, dir die nächsten Schritte auf dem Weg in deine erwünschte Zukunft zu offenbaren. Im folgenden Kapitel darfst du deinem Herzen das Kommando überlassen und gerne auch deine Intuition und die Kreativität mit an den Tisch bitten.

Die Bilder und Vorstellungen, die dein Herz dir schickt, hast du nicht grundlos. Es ist möglich, sie umzusetzen, denn sie sind als Samen auf einer geistigen Ebene bereits real. Jede erfolgreiche und stimmige Manifestation beginnt auf der geistigen

Ebene und kann mit entsprechender Handlung wertvolle Früchte auf der physischen Ebene tragen.

If you can dream it, you can do it!

Anders formuliert: Du hättest nicht zu diesem Buch gegriffen und hättest keine Visionen, wenn du nicht gleichzeitig die Möglichkeit hättest, diese in die Realität umzusetzen.

Trommelwirbel! Du darfst jetzt im Einklang mit deinem Herzen deine Lebensvision formulieren.

Das ist eine Aufgabe, die viel Freude bereitet und die Weichen stellen kann für eine glückliche Zukunft. Betrachte dieses Ritual als Grundlage für deine Zukunft, als einen Samen, den du jetzt säst und der bei täglicher Pflege zu einem prachtvollen Garten in deinem Wunschleben werden kann.

Es ist sinnvoll, die folgende Übung regelmäßig durchzuführen, zum Beispiel einmal im Jahr immer zum Jahreswechsel oder alle paar Jahre ausführlich. Es geht bei dieser Übung um *dich!*

Was du wirklich willst

Wie beschrieben, stellen viele Frauen andere Menschen, ihre Kinder, den Partner, die Eltern in den Mittelpunkt und sich selbst hintenan. Jetzt ist der Moment da. Du darfst auf den folgenden Seiten ganz genau in dich selbst hineinhören, wonach dein Herz verlangt. Wenn dir der Platz nicht reicht, schnappe dir dein Notizbuch und beschreibe deine Ideen, Gedanken, Wünsche so detailliert, wie du möchtest.

Stell dir dabei diese grundsätzlichen Fragen:

- Wie willst du dich zukünftig fühlen? In körperlicher, emotionaler und überhaupt in jeder Hinsicht
- Was bereitet dir Freude? Im Alltag, im Beruf, alleine oder zusammen mit anderen Menschen
- Was hattest du schon immer vor zu tun?
- Was fühlt sich leicht und richtig an? Sowohl beruflich als auch im privaten Bereich?
- Bei welchen Gedanken, Bildern, Träumen, Vorstellungen hüpft dein Herz vor Freude?

Meine Zukunftsvision

Lebensthemen: Das treibt mich an, das ist mir wichtig.

Beschreibe, welche Themen dich immer wieder beschäftigen.

....

....

....

....

Beziehungen: Diese Menschen sind wichtig in meinem Leben.

Beschreibe deine Beziehungen, Freundschaften und die Menschen, mit denen du verbunden bist.

....

....

....

....

Meine Partnerschaft/Liebesbeziehung: Mit diesem Menschen möchte ich leben.

Beschreibe deine Liebesbeziehung, wie du sie dir idealerweise vorstellst.

Welche sind deine Wünsche und Bedürfnisse im partnerschaftlichen Bereich?

....

....

....

....

....

Berufung: Diese Talente möchte ich in die Welt bringen.

Welche berufliche Aufgabe möchtest du erfüllen? Hast du eine Idee oder einen Plan von deiner Berufung, deiner Lebensaufgabe? Beschreibe deine Ideen.

....

....

....

....

....

Mein neues Lebensgefühl: So möchte ich weitergehen.

Beschreibe konkret, wie du dir dein zukünftiges Leben vorstellst und was du dabei fühlst.

Skizziere auch die Beziehung zu dir selbst.

....

....

....

....

....

Lebensqualität und Lebensinhalt: So möchte ich leben.

Skizziere deinen idealen Tag, deine Umgebung, Tätigkeiten, dein Gefühl im Leben deiner Träume.

....

....

....

....

....

Solltest du noch nicht so genau wissen, was du willst, oder Schwierigkeiten haben, ein klares Bild deiner erwünschten Zukunft zu formulieren, habe ich einen sehr hilfreichen Tipp für dich.

Wechsle die Perspektive

Wir begeben uns jetzt in der Vorstellung an das Lebensende.

Eine traurige Vorstellung? Nicht unbedingt! Ich glaube, dass wir uns am Lebensende sehr zufrieden fühlen können, wenn wir insgesamt auf ein erfülltes Leben zurückblicken. Eine Lebenszeit mit allen Höhen und Tiefen, in der wir unserem inneren Ruf gefolgt und einer sinnvollen Aufgabe nachgegangen sind und dabei viel Liebe geteilt und auf unser Herz gehört haben. Diese Möglichkeit steht uns offen und jetzt, wo die meisten von uns mittendrin stecken, möchte ich daran erinnern!

Manchmal können wir in unserer aktuellen Situation nicht klar sehen. Es ist, als ob wir uns bei einem Spaziergang in einem Tal befänden und von dort unten einfach keinen Überblick haben, ja uns vielleicht sogar noch die Baumwipfel die Sicht versperren. Wenn wir dann aber weitergehen und bald den Gipfel auf unserem Weg erreichen, haben wir von dort idealerweise eine gute Aussicht und erkennen die Details der Umgebung von oben. Wir sehen, wo sich was befindet, gewinnen Orientierung, und oft sieht das Gesamtbild sehr schön aus.

Übertragen auf das Leben kennst du es bestimmt auch, dass du in manchen Momenten klarer siehst und den Überblick hast, erkennst, was dir guttut und wo dein Weg langgeht. Das Leben ist eben auch eine Berg-und-Tal-Fahrt, beinhaltet aber auch einige schöne Gipfelmomente.

Stell dir vor, du blickst später auf dein Leben zurück, was möchtest du aus dieser anderen Perspektive – im Rückblick – unbedingt getan, erlebt haben? Beschreibe deine tiefsten Sehnsüchte und Wünsche mit deinen Worten:

....

....

....

....

....

....

....

Deine Vision braucht einen Plan

Es ist schön, seine Vision und Zukunftswünsche zu formulieren. Damit es aber nicht nur bei diesem Moment der Wunschformulierung bleibt, lade ich dich jetzt ein, etwas konkreter zu werden. Du brauchst einen Plan. Genau genommen einen konkreten Zeitplan für die nächsten fünf Jahre.

Ja, ich weiß: Man kann nicht alles planen – »*Leben ist das, was passiert, während du dabei bist, andere Pläne zu schmieden*«, wie John Lennon zitiert wird – und Spontaneität ist wichtig. Tatsache ist jedoch: Die Wahrheit liegt meistens in der Mitte. Ein Leben ohne Plan ist wie ein Schiff, das ziellos auf dem Meer herumtreibt. Wer keine Ziele formuliert, kann sie auch nicht erreichen.

Erfolgreiche Veränderungen brauchen Klarheit und konkrete Schritte. Es geht dabei gar nicht um ein rigides, starres Festhalten an exakt diesen Dingen, sondern um einen freudigen und gleichzeitig auch strukturierten Plan, der dir hilft, deine Wünsche zu verfolgen, und dabei aber genug Spielraum und Flexibilität beinhaltet. Stell dir Trittsteine in einem wunderschönen See vor, über die du fröhlich hüpfst – deine Schritte führen dich unaufhaltsam voran zu deinem Ziel, auf die andere Seite des Sees oder eine Insel in der Mitte. Je mehr Freude du dabei hast, dein Ziel zu erreichen, desto besser.

Trage nun deine Ideen und Ziele, die du auf den letzten Seiten formuliert hast, stichpunktartig in ein Zeitraster ein.

Voilà! Mein Plan

Ziele für das nächste Jahr:

....

....

....

....

....

....

....

....

Heute in einem Jahr möchte ich Folgendes verwirklicht haben:

....

....

....

....

....

....

....

....

Ziele für die nächsten drei Jahre:

....

....

....

....

....

....

....

....

Heute in drei Jahren möchte ich Folgendes verwirklicht haben:

....

....

....

....

....

....

....

....

Ziele für die nächsten fünf Jahre:

....

....

....

....

....

....

....

....

Heute in fünf Jahren sieht mein Leben folgendermaßen aus:

....

....

....

....

....

....

....

....

3. Schritt:

Steigere deine Energie

Jetzt kümmern wir uns intensiv darum, deine Energie auf jeder Ebene zu steigern: körperlich, emotional, mental. Neue Rituale und Gewohnheiten kommen hinzu. Außerdem prüfen wir genau, was dich stärkt. Denn du bist eine wunderbare Frau, und wie eine Blume brauchst du die richtige Umgebung, um zu blühen.

Bist du bereit für den nächsten Schritt? Keine Sorge, ich begleite dich – und du wirst schnell feststellen: Je höher deine Schwingung ist, desto freudiger ist dein inneres Gefühl und umso lebendiger wird dein Körper. So wirst du das manifestieren, was dein Herz sich wünscht!

Natürlich scheint nicht jeden Tag die Sonne im Innen und Außen, aber wir können durchaus täglich bewusst für unser Wohlbefinden aktiv werden. Als eigenverantwortliche und bewusst lebende Frauen wissen wir nämlich, dass wir damit auch unserem Umfeld einen großen Gefallen tun. Jeder um dich herum profitiert letztlich von deiner guten Energie.

Noch dazu fühlt sich dieser positive Zustand viel besser an und lässt dich die zu jedem Leben gehörenden kleineren Probleme und größeren Baustellen leichter bearbeiten und aus dem Weg räumen.

Die Kraft aus deinem Inneren

Auf dem Weg in die von dir erwünschte Zukunft solltest du dir täglich deines inneren Zustands bewusst sein und dein Energielevel auf einem möglichst hohen Niveau halten. Nicht im Sinne von »höher, schneller, weiter«, sondern im Wissen um dein Wohlbefinden und deine Fähigkeit, dieses selbst zu gestalten.

Wachstum verläuft immer nach oben – eine Pflanze reckt sich schließlich auch vom Boden aus dem Licht entgegen!

Auf den folgenden Seiten schauen wir uns an, auf welchen Ebenen wir an deiner Energie arbeiten können und wie das funktioniert. Da wir nur durch tägliche Praxis Veränderung erzielen, bietet es sich an, gewisse alltägliche Rituale einzuführen. Ich schlage dir für jeden Bereich einfache Möglichkeiten vor, die ich selbst anwende und von deren Wirkung ich überzeugt bin. Vollziehe sie am besten täglich, um deine Gewohnheiten zu verändern, und du wirst nach einer Weile nicht mehr darauf verzichten wollen.

Die körperliche Energie steigern

Unser Körper ist das Werkzeug unserer Seele, und somit ist sein Befinden der Ausgangspunkt für unser Erleben. Er bietet uns so viele fantastische Möglichkeiten der Wahrnehmung und des Ausdrucks, der Bewegung und des Fühlens, dass wir oft vom »Wunder der Natur« sprechen. Unser Körper ist nämlich so viel mehr als eine Hülle, die uns umgibt, mit der wir den ganzen Tag am Schreibtisch hocken und froh sind, damit nachts müde ins Bett zu plumpsen.

Nein, er kann so viel mehr und möchte in seinem vollen Potenzial zum Leben erwachen. Er will tanzen, lachen, atmen, berühren und berührt werden, mit allen Sinnen genießen. Er will geliebt und gepflegt werden, gesund ernährt werden, sich in guter Umgebung aufhalten, anderen Körpern begegnen, mit denen er sich wohlfühlt. Dann schenkt er uns täglich Lebensfreude und Genuss und funktioniert als wunderbarer Ausdruck unserer Seele.

Authentisch wohlfühlen

Ein Blick in die sozialen Medien erweckt den Eindruck, dass es für viele nicht nur darum geht, gut auszusehen und den Körper in Form zu bringen, sondern vor allem darum, dass dies möglichst viele Menschen mitbekommen. Die Nutzung von Social Media kann durchaus Spaß machen, aber noch viel wichtiger ist es, wie wir selbst uns im echten Leben fühlen, anstatt auf die Anerkennung anderer – oft sogar Fremder – zu warten. Natürlich wollen wir alle dazugehören und freuen uns über Komplimente, aber wo fängt das Ganze an? Überraschung! Immer zuerst bei uns selbst!

Die neue Selbstwahrnehmung

Mit Anfang 30 begann ich, in einem Kölner Zentrum regelmäßig zu meditieren. Dort werden verschiedene Meditationen angeboten, die den Körper mit einbeziehen. So gehören auch Phasen von Tanz, Bewegung, Körperschütteln und dem Ausdrücken von Gefühlen dazu, genauso wie Phasen des Stillsitzens. Da die Menschen in den westlichen Kulturen oft viel zu sehr im Kopf zu Hause sind und weniger im Körper, wurden diese Bewegungselemente integriert, um zunächst Spannung abzubauen, bevor wir uns ganzheitlich wahrnehmen können.

Da ich ein sehr aktiver Mensch bin, kam mir das sehr entgegen. Allerdings merkte ich in den stillen Phasen, wie viel Spannung in meinem Körper saß. Dazu schwirrten Tausende von Gedanken durch meinen Kopf, die irgendwie ein Eigenleben zu führen schienen wie Haare, die nach einer unruhigen Nacht in alle Richtungen stehen.

Ist es nicht paradox? Wir meditieren, um Stille zu finden und zu erfahren, aber oft ist es erst mal sehr laut in uns. Irgendwann gelang es mir besser, einfach zu beobachten, was da alles in mir los war – so als ob ich an einer belebten Straßenkreuzung stand und einen Schritt zurücktrat, um den Verkehr zu sehen.

Mit der Zeit gelang es mir, mich wirklich von innen wahrzunehmen und die feinen Energieströme zu spüren, die in meinem Körper fließen. Ich gewann langsam ein neues Bewusstsein für meinen Körper und seine Energie, und zwar aus einer *inneren* Perspektive heraus.

Die Göttin im Tempel

Genau darum geht es hier in diesem Kapitel: wie du aus der äußeren Kameraperspektive zur inneren Wohlfühlperspektive deines Körpers wechseln kannst.

Auf dem Weg in deine erwünschte Zukunft lernst du, deinen Körper immer mehr als Barometer deiner Energie und Intuition zu verstehen und für dich zu nutzen. Du gewinnst ein Gefühl dafür, was dein Herz öffnet oder verschließt, vertraust deinem Bauchgefühl und erkennst in deinem Körper immer mehr den Tempel, der dir als Göttin in diesem Leben geschenkt wurde. Schluss mit falscher Bescheidenheit, dein Körper ist ein Wunder der Natur.

Was können wir denn alles dafür tun, damit sich unser Körper wohl, energiegeladen und lebendig fühlt und uns wie ein aufgeräumter heiliger Tempel dienen kann? Eigentlich kennen wir alle die wesentlichen Säulen unserer Gesundheit, dennoch möchte ich sie hier noch mal beschreiben – und meine persönlichen Tipps dazu geben. Höre dabei immer auf deine innere Stimme, deine Intuition. Denn sie weiß, was für dich das Richtige ist!

Hier geht's zum Glück:

1. Move your Body!

Wir Menschen sind nicht dazu gemacht, den ganzen Tag mit angespanntem Rücken am Schreibtisch zu hocken. Bewegung ist das A und O für unseren Körper! Alles kommt dabei in Fluss, das Blut zirkuliert, das Herz pumpt kräftig, und wir werden mit einem positiven Hormoncocktail belohnt, der noch viel besser ist als ein Caipirinha in der Happy Hour an der Bar.

Ich selbst mache schon mein Leben lang regelmäßig Sport und würde niemals darauf verzichten. Seit einigen Jahren fast nur noch draußen in der Natur, ohne großen Schnickschnack. Der Wald und die frische Luft tun Körper und Seele einfach unheimlich gut, die aktuellen Outdoor-Fitnesstrends – Joggen im Park, Liegestütze an der Bank, Kniebeugen auf der Wiese – kommen mir da sehr entgegen. Ganz nach dem Motto: Back to the Roots.

Vielleicht hast du auch Lust, dich wieder mehr draußen zu bewegen? Egal, ob du gerne läufst, walkst oder Fahrrad fährst, versuche, dich täglich mindestens eine Stunde an der frischen Luft zu bewegen, wobei dein Puls in einem erhöhten, jedoch gesunden Bereich liegen sollte. Praktisch sind auch Fitnessuhren oder Schrittzähler-Apps, die dich über deinen Energieverbrauch und die Schritte sowie Kilometerzahlen informieren. Wenn du zu den bewundernswerten Geschöpfen gehörst, die mit ausgezeichneter Koordination gesegnet sind, vor einer Spiegelwand im Kursraum zu schnellen Rhythmen die Hüften schwingst und dabei problemlos die schwierigsten Choreografien bewältigst, ist das natürlich auch großartig!

Falls du gerne tanzt, aber im Zumba-Kurs nicht die Einzige sein möchtest, die fröhlich nach rechts hüpft, während alle andern synchron nach links tanzen, probiere doch mal ein Youtube-Workout zu Hause im Wohnzimmer aus. In deinen eigenen vier Wänden schaut keiner zu, somit kann man sich nicht blamieren und sich trotzdem nach Herzenslust austoben und schwitzen, samt sommerlicher Latino-Lebensfreude!

Oder du tanzt einfach nur zu Hause. Dreh die Musik lauter, die dir gefällt und die zu deiner Stimmung passt, und lass deinen Körper machen. Spannungen lösen sich, und dein Körper reguliert sich von selbst. So kann auch deine Seele aufatmen.

Sollten dir eine Stunde Sport am Tag zu viel sein, fange langsam an. Oder geh, wenn der Tag stressig war, abends eine Runde durch dein Viertel spazieren. Jede Bewegung ist besser als keine! Die Regelmäßigkeit macht den Unterschied. Dann möchte man bald gar nicht mehr darauf verzichten.

2. Dein Morgenritual

Ein Morgenritual zu haben ist sehr angesagt – Influencerinnen berichten davon auf allen Online-Kanälen. Die Realität der modernen Frau sieht dagegen meist anders aus!

Wie soll frau bitte schön in Ruhe meditieren, ein paar Sonnengrüße turnen, dabei dankbar Affirmationen murmeln oder in Ruhe veganen Espresso mit Hafermilch genießen, wenn der Partner genervt seine Unterlagen sucht, Kind eins quengelt, Kind zwei seine Mütze nicht findet und in die Kita muss, bevor dort die Türen schließen. Und wenn alles, wie durch ein Wunder, erledigt ist, klingelt das Handy, und die Kollegen sind dran. Da bleibt oft keine Zeit für dich selbst.

In meinem Leben gab es auch lange keine Zeit für ein Morgenritual. Da ich mich beim Klingeln des Weckers um sieben Uhr in der Früh gefühlt in einem anderen Winkel des Universums befinde, bevorzugte ich es immer, so lange wie möglich in den Federn zu bleiben und erst dank der Snooze-Funktion am Wecker irgendwann zügig aufzustehen, dann allerdings ohne viel Zeit und Spielraum.

Dabei reichen für eine bewusste Ausrichtung am Morgen in meinen Augen zehn Minuten:

Öffne die Fenster deines Schlafzimmers, setze dich aufrecht auf dein Bett, atme ein paarmal tief durch und lass Luft in deinen Körper und deine Seele. Leg die Hand auf dein Herz und verbinde dich mit dir. Wenn du magst, höre dir eine morgendliche Einstimmung für einen positiven Tag an. Du findest eine auf meinem Youtube-Kanal »Stefanie Carla Schäfer« oder nimm mit der Diktierfunktion deines Handys selbst eine auf. Ganz wie du magst. So eine Einstimmung dauert nur wenige Minuten, macht aber einen großen Unterschied.

Meine lautet:

Guten Morgen, du wunderbare Frau!

Willkommen an diesem neuen Tag mit all seinen Möglichkeiten.

Es ist so schön, dass du dich auf den Weg gemacht hast und dein Glück in die eigenen Hände nimmst …

Eine Freundin, die sie regelmäßig hört, freut sich jedes Mal: »Mensch, so will ich jeden Tag begrüßt werden! Meinst du, mein Freund sagt das mal zu mir?«

Ja, mir ist schon klar, dass die allmorgendliche Realität bei den meisten Frauen anders aussieht wie oben beschrieben. Deshalb sind die ersten zehn Minuten des Tages umso wichtiger, fast schon heilig.

Mein Rat: Bleib in dieser kurzen Zeit, die nur dir gehört, ganz bei dir und lass noch mal kurz deine inneren Bilder in dir aufsteigen oder sage dir eine Affirmation zu deinen Wünschen und Zielen. Das stärkt deine innere Ausrichtung! Umarme dich anschließend selbst, hole tief Luft und öffne die Augen.

Du selbst entscheidest, mit welcher Energie du in den Tag gehen möchtest. Falls du noch mehr Zeit hast, kannst du natürlich auch Yogaübungen machen wie den Sonnengruß, gesund und bewusst frühstücken und dich auf deine Visionen konzentrieren. Wichtig ist: Finde *deine* Form des Morgenrituals, die zu dir passt!

3. Die tägliche Dankbarkeitsparty

Erinnerst du dich an die Fülle-Brille, die ich am Anfang des Buches beschrieben habe? Auf dem Weg in das Leben, das du wirklich willst, wird sie dein täglicher neuer Begleiter. Denn ab sofort den Fokus auf alles zu legen, was wir *haben*, im Gegensatz zur Wahrnehmung all dessen, was uns fehlt, steigert unsere Energie immens.

Ein wunderbares Ritual, das daher im dritten Schritt hinzukommt, ist die tägliche Dankbarkeitsparty.

Vor allem in den westlichen Ländern der Welt, in denen es ja vielen Menschen recht gut geht, wird vieles zu selbstverständlich genommen. Während in anderen Ländern grausame Kriege toben, beklagen wir hierzulande Luxusprobleme. Und das, obwohl wir in Deutschland nach wie vor zu den zehn privilegiertesten Prozent der Weltbevölkerung gehören. Kurz: Wir dürfen uns jeden Tag aufs Neue bewusst machen, wie gut es uns geht!

Ja, die Energiepreise steigen, aber wir haben Strom! Ja, die Lebensmittelpreise steigen, aber wir haben Lebensmittel! Es ist für uns schwer vorstellbar, aber es gibt auf dieser Welt immer noch Millionen von Menschen, die allein mit diesen Ressourcen schlecht oder kaum ausgestattet sind. Deshalb mach es zu deiner täglichen Angewohnheit, dir ins Bewusstsein zu rufen, wofür du dankbar bist.

4. Deine Schreibroutine

Auf dem Weg in das Leben, das du wirklich willst, ist ein neues tägliches Ritual deine Schreibroutine. In einem schönen Notizbuch, in das du möglicherweise schon deine Vision von Schritt 2 notiert hast, schreibst du nun jeden Abend auf, was dir persönlich wichtig ist, wofür du dankbar bist und was du an diesem Tag unternommen hast, um deine persönlichen Ziele zu verwirklichen. Du musst keine Romane schreiben, es reichen stichpunktartige Notizen. Du entscheidest für dich, was und wie viel du schreibst. Wichtig ist nur, dass du es regelmäßig, zum Beispiel jeden Abend, machst und das Aufschreiben zu einem festen Ritual werden lässt.

Regelmäßige Rituale sind wunderbar. Sie geben dir und deinem Tag Struktur und machen Freude, wenn sie sich auf positive Aspekte richten und gute Gefühle in dir auslösen. Über all das zu schreiben, wofür du dankbar bist und welche

Ziele du verfolgst bzw. was du dafür tust, wird dir helfen, dich gut zu fühlen, und eine lieb gewonnene Routine werden auf deinem Weg. Übrigens: Rituale können nur zu Routinen werden, wenn sie mehrere Wochen geübt werden.

Du wirst sehen, dass eine regelmäßige Schreibroutine ein wichtiger Baustein in deinem Veränderungsprozess werden kann und du nicht mehr darauf verzichten willst.

Schreib dir jeden Tag – gerne zu einem festen Zeitpunkt – Stichpunkte oder ganze Sätze dazu auf, zum Beispiel:

Ich bin dankbar

- *dafür, dass ich gesund bin*
- *für meinen Partner/meine Partnerin*
- *für meine Kinder, meine Familie*
- *für nette Kollegen, tolle Vorgesetzte*
- *für materielle Dinge, die mir das Leben leichter machen, wie ein Auto, ein neues Kleid, meine Lieblingshose, mein Smartphone, mit dem ich mit anderen in Verbindung stehen kann*
- *für Lieblingsmenschen: meinen Partner, Kinder, Familie, Freundinnen und Freunde*
- *Schöne Erlebnisse wie einen Spaziergang, einen gemütlichen Abend auf der Couch, überhaupt die schöne Couch usw.*

Noch eine Empfehlung: Schreib auch auf und halte fest, was speziell an diesem heutigen Tag Schönes passiert ist, zum Beispiel das Lächeln der Bäckereiverkäuferin, dass die Sonne schien, dass es in der Kantine dein Lieblingsessen gab und was dir sonst so begegnet ist.

Vom Schönheitsschlaf und von süßen Träumen

Bekommst du regelmäßig ausreichend Schlaf, der dir körperlich und seelisch die nötige Regeneration schenkt? Nein? Das geht mir leider auch immer wieder so. Berufliche und familiäre Verpflichtungen scheuchen uns oft zu unmenschlichen Zeiten aus dem Bett oder lassen uns wach liegen und grübeln, obwohl es viel gesünder wäre aufzustehen, wenn wir erholt von selbst aufwachen. Keine Frage, mit genug Schlaf sind wir ausgeglichener und stressresistenter.

Ein erster Schritt für genügend und guten Schlaf ist, rechtzeitig ins Bett zu gehen, wenn man am kommenden Morgen früh rausmuss. Meine Oma hat immer gesagt: »Der Schlaf vor Mitternacht ist der wichtigste«, und vermutlich hatte sie recht damit. Allerdings gibt es auch die Theorie, die Menschen in zwei Kategorien einteilt: Typ »Lerche« und Typ »Eule«. Während die Lerche kein Problem damit hat, früh aufzustehen und ins Bett zu gehen, ist die Eule nachtaktiv und nicht geeignet, den frühen Wurm zu fangen.

Wenn wir uns selbst in dieser Hinsicht kennen, können wir versuchen, uns danach zu richten. Ich, als Eule, kann bis spät in die Nacht hinein arbeiten und schätze es umso mehr, morgens, ohne Stress, von selbst aufzuwachen. Vielleicht bist du aber eine Lerche und am frühen Morgen produktiver. Höre auf dich und folge in jedem Fall deinem Rhythmus, das macht oft schon den Unterschied. Frische Luft wirkt ebenfalls Wunder, auch im Winter, und lässt uns viel erholter ruhen und aufwachen.

Außerdem sollten wir auf eine gesunde Schlafhygiene achten. Dazu gehört es, rechtzeitig das Smartphone wegzulegen, möglichst weit weg vom Bett, und auf blutrünstige Krimis und Horrorfilme vor der Nachtruhe zu verzichten, um keine unerwünschten Eindrücke mit in den Schlaf zu nehmen. Nachrichten über schlimme Ereignisse wie Krieg und Unglücke in der Welt sind ähnlich zu bewerten. Deshalb empfehle ich, die Information zum Weltgeschehen auf ein paar Minuten am Tag zu beschränken.

Denn am Abend vor dem Einschlafen, ebenso nachts und morgens, stehen die Türen zu unserem Unterbewusstsein weit offen, und je besser es uns gelingt, unsere Herzensziele und inneren Bilder dort zu verankern, desto schneller können wir sie im Außen manifestieren. Deshalb lege ich dir das Morgen- und das Abendritual wärmstens ans Herz:

Hier geht's zum Glück:

Dein Abendritual

Während an einem normalen Tag zahlreiche Eindrücke auf uns Frauen einprasseln und wir meist mit unserer Aufmerksamkeit im Außen sind, bietet der Abend die Gelegenheit, bewusst wieder in uns selbst anzukommen. Anstatt irgendwann einfach todmüde in die Kissen zu sinken, schlage ich dir vor, den Tag Schritt für Schritt bewusst ausklingen zu lassen, um ganz bei dir und in deinem Herzen zu landen, bevor du einschläfst. Hier einige Vorschläge.

- Geh am Abend noch mal zügig eine Runde um den Block. Dabei kannst du deinen Gedanken nachhängen. Das hilft dir, den Tag Revue passieren zu lassen, tief durchzuatmen und Stress abzubauen.
- Koche dir eine Tasse Lieblingstee, setze dich an den Tisch oder auf den Sessel und trinke in Ruhe deinen Tee, indem du dich auf seine Farbe, den Geschmack, die

Wärme und das Gefühl, das er im Körper hinterlässt, konzentrierst.

- Notiere, wie oben beschrieben, wofür du an diesem Tag dankbar bist; du kannst auch gerne in einem Tagebuch festhalten, was alles los war, und es damit für diesen Abend verabschieden.

Beschäftige dich mit deiner Vision

Vielleicht hast du sie schon in deinem Notizbuch aufgeschrieben oder in Bildern, mit Begriffen und Sätzen auf einem Visionboard festgehalten. Dann lies deine Aufzeichnungen noch mal in Ruhe durch, lass deine Vision auf dich wirken.

Nun kannst du notieren, was du an diesem Tag dafür getan hast, um deinen Zielen näherzukommen. Welche wichtigen Schritte hast du geschafft?

Wenn du magst und dir die Augen noch nicht zufallen, ist es sehr hilfreich, zumindest alle paar Tage mal eine Viertelstunde zu meditieren, mit Musik oder ohne. Beobachte dich selbst, ohne dich zu bewerten.

Du kannst dabei, wie im Morgenritual, deine Wünsche, die du formuliert hast, möglichst lebendig visualisieren. Ich verstehe aber auch gut, wenn du abends müde bist, Hauptsache, du stimmst dich am Morgen auf deine Ziele ein. Auf meinem Youtube-Kanal »Stefanie Carla Schäfer« findest du dazu eine geführte Abend-Meditation. Oder du sprichst sie dir selbst in Form von Affirmationen oder der Beschreibung der erwünschten Zukunft als Sprachnotiz auf dein Handy und hörst sie dir an. Tauche in deine Träume und Vorstellungen ein und bade in den positiven Gefühlen, die sie in dir auslösen.

Umarme dich anschließend selbst mit geschlossenen Augen. Leg deine Hände auf dein Herz und danke dir selbst dafür, dass du heute dein Bestes gegeben hast. Anschließend kannst du ganz entspannt schlafen gehen.

Ich persönlich meditiere am liebsten im Bett sitzend mit angelehntem Rücken, so bin ich gleich am richtigen Platz und muss danach nur runter in meine Schlafposition rutschen.

Lerne deinen Körper zu lieben

Wenn wir unsere Energie steigern wollen, spielt unser Körper eine zentrale Rolle. Als Sport-Therapeutin habe ich oft beobachtet, wie Menschen über ihren Körper schimpfen, wenn er Symptome oder Schmerzen bereitet. Dabei zeigt der Körper einfach, wo etwas in Dysbalance geraten ist. Dem Körper und seinen Zeichen mit Liebe zu begegnen ist deshalb die beste Lösung. Wenn es irgendwo zwickt, höre deinem Körper aufmerksam zu, was er dir darüber mitteilen möchte. Schätze deinen Körper und seine Gesundheit, denn Letztere ist nicht selbstverständlich.

Meine Lieblingsmethode, um sich selbst körperlich zu zeigen, dass man für sich da ist, ist es, sich selbst zu umarmen. Das kannst du mehrmals am Tag machen. Immer mal wieder zwischendurch. Spüre, wie gut es sich anfühlt, dir selbst das zu schenken, was wir alle auch gern von anderen bekommen.

Nobody is perfect, und der Körperkult unserer Zeit ist ungesund – das wissen wir alle. Selbst die weltberühmtesten Models sehen ungeschminkt »normal« aus. Egal, ob du dick, dünn, groß, klein oder körperlich in irgendeiner Form anders aussiehst, als du es dir wünschen würdest, erkenne das Wunder deines Körpers und aller seiner Funktionen.

Sei dankbar für deine Füße, die dich tragen. Für deine Hände, mit denen du handeln, berühren, schreiben, kochen, streicheln kannst. Sei auch dankbar für deinen Kopf, mit dem du denken kannst, der dir gute Ideen schenkt, sich interessante und wichtige Dinge merken kann. Ebenso für deine Organe, die alle ihre einzigartige Funktion erfüllen. Allen voran für dein Herz, das Blut durch deinen Körper pumpt – Herzschlag für Herzschlag und das ganze System am Leben erhält. Dein Körper ist wahrlich ein Wunder der Natur, der dir als Zuhause wunderbare Möglichkeiten der Wahrnehmung und des Ausdrucks bietet. Wie du siehst, die Liste ist lang und sogar noch länger. Wenn du magst, schließe deinen Körper gerne immer wieder in dein Dankbarkeitsritual ein und schreib auf, was er dir Gutes tut und wofür du ihm an diesem Tag besonders dankbar bist.

Auf dem Weg in dein neues Leben geht es um eine Entwicklung hin zu mehr Freude und Leichtigkeit. Deshalb haben wir uns im ersten Schritt von unnötigen äußeren Belastungen befreit. Jetzt führen wir das Gleiche auf der körperlichen Ebene durch. Schließlich sammelt auch unser Körper mit der Zeit Ballast an in Form von Schlacken, Fettpölsterchen, Spannungen und Giften, bei den einen mehr, bei den anderen weniger. Und in einem reinen Körper kann die Energie viel besser fließen.

Deshalb empfehle ich dir, wie schon am Anfang des Buches erwähnt, für eine gewisse Zeit, die du selbst festlegst, auf Alkohol, Fleisch und Zucker zu verzichten und dich bewusst, gesund zu ernähren.

Es ist erfreulich, dass in den vergangenen Jahren das Bewusstsein rund um das Thema Ernährung stark gewachsen ist. Das Internet ist voller Inspiration, Rezepte werden ausgetauscht, Informationen zu gesunden Ernährungsmodellen machen die Runde, Lebensmittel aus ökologischem Anbau liegen im Trend.

Viele Frauen achten bereits sehr auf ihren Körper, ernähren sich vegetarisch, vegan oder low-carb, nehmen also weniger Kohlenhydrate und Zucker zu sich. Wenn du aber wie ich eher zu den »normalen Esserinnen« gehören solltest und auch gern mal einen Wein trinkst, kannst du sehr von einer vierwöchigen Detox-Phase profitieren. Baue diese, wenn möglich, ein- bis zweimal im Jahr in deinen Alltag ein.

Du kannst dir dabei zum Beispiel zum Ziel setzen, dich mit frischen, vollwertigen Lebensmitteln, Obst, Gemüse und Salat zu ernähren sowie gesunde Fette und Hülsenfrüchte zu dir zu nehmen. Wenn du besonders motiviert bist, bieten sich noch weitere Detox-Methoden wie eine Darm- oder Leberreinigung an. Lass dich dabei am besten von einer Ärztin oder einem Heilpraktiker unterstützen, um den gewünschten Effekt zu erzielen.

Auch Sauna und Wellness-Anwendungen helfen dir bei der Entgiftung und dem Gewinnen neuer Klarheit. Schwitze alles aus, was du nicht mehr brauchst, trinke viel frisches Wasser und du wirst sehen: Das bringt dir neue Klarheit und dich selbst dem Leben, das du wirklich willst, ein Stück näher.

Wichtig ist, dass du auch bei diesem Punkt selbst herausfindest, was dir guttut und wie du es gut in deinen Alltag integrieren kannst. Denn du bist die Expertin für deinen Weg.

Dein Essen muss dich nähren und dir eine hohe Energie sichern.

Gesund ernähren

Natürlich wissen wir theoretisch, welche Lebensmittel gut für uns sind, dass es besser ist, in Ruhe eine Pause zu machen, als irgendwo zwischendurch im Gehen zu essen. An mir selbst habe ich beobachtet, dass ich an stressigen Tagen automatisch ungesünder esse, große Lust auf Schokolade habe und meine Mahlzeiten viel zu schnell hinunterschlinge. An bewussten Tagen esse ich automatisch gesünder. Vielleicht kennst du das auch?

Wir nehmen zudem nicht nur die physische Nahrung auf, sondern auch deren Energiequalität. Nahrungsmittel haben eine Schwingung. Schweinefleisch aus der Massentierhaltung zum Beispiel enthält die Energie von Qual und Angst. Frisches Gemüse aus dem eigenen Garten enthält die Liebe, mit der du es anbaust, außerdem keine Pestizide.

Auf dem Weg zum Leben, das du wirklich willst, ist eine bewusste Ernährung zur Steigerung deiner Energie ein essenzieller Schritt.

Ja, ich mag Salat, grüne Smoothies und gegrilltes Gemüse, aber genauso gerne deftige bayerische Küche, Schokolade und Chips.

An lauen Sommerabenden liebe ich es, mit einem Grauburgunder draußen zu sitzen, und genauso mag ich den Glühwein in der Weihnachtszeit. Es ist alles eine Frage des Maßes!

Auf deinem Weg geht es um die Transformation vom aktuellen Befinden hin zu einem Zustand von mehr Freude und Leichtigkeit. Deshalb möchte ich dir raten, bei deiner Ernährung darauf zu achten, was dein momentanes Befinden, deine persönliche Schwingung verbessert und anhebt.

Dazu gehört auch eine Ernährungsweise, die dir Freude bereitet und dir an diesem Tag ein gutes Gefühl gibt. Manchmal sind das ein Porridge mit Früchten zum Frühstück, ein gesunder Beerensmoothie zwischendurch oder ein Drei-Gänge-Menü mit Aperitif und Wein am Abend. Das gibt es schließlich nicht täglich.

Abgesehen von der Herkunft, Verarbeitung und Qualität der Zutaten, wird unser Essen auch durch unser Bewusstsein bei der Zubereitung beeinflusst. Kochen wir mit Liebe und Fürsorge und nehmen wir uns Zeit für die Zubereitung unserer Mahlzeiten, wird das Essen auch energetisch aufgewertet.

Vielleicht hast oder hattest du auch wie ich eine wunderbare Oma, die für dich, wenn du zu Besuch kamst, dein Lieblingsessen kochte, ganz ohne jegliches Wissen über die Ernährungstrends unserer Zeit. So eine Mahlzeit macht jede Enkelin satt und glücklich, weil einfach so viel Liebe darin steckt.

Damit sind wir bei einem weiteren Faktor gesunder Ernährung: der Umgebung und menschlichen Gesellschaft beim Essen. Schon immer waren gemeinsame Mahlzeiten eine Möglichkeit, soziale und körperliche Bedürfnisse zu kombinieren. Gute Gespräche bei Tisch und der Kontakt mit netten Menschen nähren uns nämlich genauso wie gesunde Lebensmittel. Achte daher auf wohltuende Gesellschaft beim Essen und eine schöne Atmosphäre, vielleicht mit Kerzen und angenehmer Musik am Abend, wenn dir das gefällt. Auch wenn du alleine isst, kannst du es dir schön machen. Am besten ohne Handy am Tisch, denn beim Essen brauchst du es nicht.

Emotionale Energie

Energie ist etwas sehr Wandelbares. Das wissen wir Frauen als emotionale Wesen nur zu genau. Die meisten von uns stehen gut mit ihren Gefühlen in Kontakt und kennen das weibliche emotionale Achterbahnspektrum von »himmelhochjauchzend« bis »zu Tode betrübt« aus eigener Erfahrung. Das macht uns zu lebendigen Wesen – und das ist auch gut so!

Es geht beim Energiebewusstsein auch nicht darum, ungute Gefühle auszublenden, denn sie sind oft wichtige Wegweiser. Darüber habe ich in meinem Buch »Gefühle wollen gelebt werden« geschrieben. Wenn du dich mit emotionaler Heilung beschäftigen möchtest, um dein Herz zu öffnen, findest du dort viel Inspiration.

Negative Gefühle können aus der Vergangenheit kommen oder aus der Gegenwart. Alter Schmerz, verursacht durch Verletzungen aus der Kindheit, kann zum Beispiel in der Gegenwart berührt werden, kommt aber aus der Vergangenheit. Ihn zu durchfühlen, noch einmal tief zu spüren, kann dein Herz wieder öffnen und dich ganz werden lassen. Negative Gefühle in der Gegenwart entstehen auch durch eine unglückliche Beziehung, einen Arbeitsplatz, an dem du nicht zufrieden bist, oder durch eine persönliche Krise. Sie sind ein

Hinweis, Veränderungen vorzunehmen und dein Leben neu auszurichten.

Auf jeden Fall ist es wichtig, zu erkennen, was uns gute Gefühle bereitet – *Freude, Lust, Erfüllung* –, und das zu kultivieren und zu pflegen. Positive Veränderung braucht eine »sonnige Großwetterlage«, und diese stellt sich immer mehr ein, wenn wir unser Leben in Einklang mit unserer Seele bringen und der Freude folgen.

Wenn wir uns also mit der Steigerung unserer emotionalen Energie beschäftigen, müssen wir aktiv das tun, was unsere Freude steigert. Das heißt: Wir müssen es uns jeden Tag zur Aufgabe machen, Aktivitäten zu verfolgen, die unser Herz vor Freude hüpfen lassen. Idealerweise geht es um Aufgaben, die unserer Lebensaufgabe und unseren Talenten entsprechen und die uns auf ganz natürliche Weise ein gutes Gefühl schenken. Wenn du noch nicht weißt, was deine Lebensaufgabe ist, folge einfach der Freude. Was dir Spaß macht und dich leicht fühlen lässt, führt dich immer in die richtige Richtung.

Stell dir an dieser Stelle die Frage: Was kann ich tun, um mehr Freude zu empfinden? Wie kann ich Aktivitäten in meinen Alltag einbauen, die mich glücklich machen? Notiere die Antworten dazu in deinem Notizbuch!

Ein Hoch auf deine Bedürfnisse!

Gefühle und Bedürfnisse sind eng miteinander verbunden. Wenn du ein Leben führst, in dem deine Bedürfnisse erfüllt sind, empfindest du ganz natürlich mehr gute Gefühle. Lebst du gegen deine Bedürfnisse, sind unangenehme Gefühle wie Frust, Ärger, Traurigkeit und Wut Begleiterscheinungen, die dich wachrütteln wollen. Weiter vorne habe ich dir bereits von meiner Trennung vor ein paar Jahren erzählt. Nach einer fünfjährigen Beziehung und einer schwierigen Phase der Trennung und Neuorientierung in meiner alten Heimat konnte ich immens aufatmen. Nach einem Jahr ging es mir wieder richtig gut! Ich hatte eine tolle Wohnung sowie einen angenehmen Job in unmittelbarer Nähe gefunden mit wirklich netten Menschen, außerdem waren meine Freunde und Familie vor Ort. In dieser Sicherheit konnte ich wieder ganz klar meine Bedürfnisse spüren und dass diese in der damaligen Beziehung keine Erfüllung finden konnten.

In der Corona-Zeit saß ich dann oft in der Sonne auf meinem Balkon, ließ meinen kreativen Ideen freien Lauf, schrieb neue Bücher und spazierte dankbar durch den nahen Wald. Dabei durchströmte mich häufig ein großes Glücksgefühl, weil ich spürte, dass ich nach einem schmerzhaften Umweg wieder auf meinem Seelenweg war. Ich fühlte mich frei und selbstbestimmt.

Manchmal kam mir die alternative Version meines Lebens in den Sinn. Wie würde es mir heute gehen, wenn ich geblieben wäre? Was hätte mich erwartet? Eine Partnerschaft, vielleicht mit Kindern, in einem kleinen Häuschen fernab meiner Heimat. Eine Beziehung, in der ich viel um meine Bedürfnisse hätte kämpfen müssen und vielleicht auch bezüglich Kindererziehung nicht viel zu sagen gehabt hätte, da Mann und Schwiegerfamilie eigene Vorstellungen verfolgten? Ich glaube nicht, dass wir miteinander glücklich geworden wären, auch wenn wir noch freundschaftlich verbunden sind.

Meine Seele hat mir damals in Form von starker Angst signalisiert, dass dies nicht mein Weg sein sollte. Angst ist ein Symptom, das vor allem uns Frauen zeigt, dass wir uns schleunigst unseren wahren Bedürfnissen zuwenden sollten. Angst ist so schwierig auszuhalten, dass wir gezwungen sind, genau hinzuschauen und etwas zu verändern. Sobald ich damals die ungesunde Situation verlassen hatte, verschwand die Panik. So kam ich Schritt für Schritt wieder in meine Kraft.

Wenn du auch unter Ängsten leidest, fühle dich an dieser Stelle ganz herzlich von mir umarmt!

Ich verstehe dich so gut, und ich weiß, wie unangenehm das sein kann. Aber Angst und Panik sind kein Dauerzustand und gehen meist vorbei, wenn du dein Leben entsprechend deiner wahren Bedürfnisse gestaltest. Natürlich gehört auch einige innere Arbeit dazu, oft auch äußere Unterstützung. Aber sieh die Angst als einen Wegweiser, lass dich nicht von ihr verrückt machen. Hinter der Angst warten oft deine wahren Bedürfnisse, die erfüllt werden möchten.

Hier geht's zum Glück: Hinterfrage deine Symptome

Wenn du an Panikattacken oder ähnlichen Symptomen leidest, die auf ein starkes Ungleichgewicht in deinem Leben aufmerksam machen, rate ich dir, mit diesem Symptom in Kontakt zu treten. Du kannst zum Beispiel zwei Stühle gegenüber voneinander aufstellen, der eine Stuhl steht für dein Symptom, der andere für dich als Person. Dann setzt du dich auf deinen Stuhl und sprichst mit deinem Symptom und fragst, was es für eine Botschaft für dich hat. Wechsle dann die Sitzposition und fühle auf dem Symptom-Stuhl in dich hinein. Welche Gefühle, Impulse und Gedanken kommen dir hier? Teile sie mit. So kannst du zwischen den beiden Stühlen hin und her wechseln und mehr über dich selbst erfahren.

Übungen dieser Art kannst du auch mit der Unterstützung einer Freundin oder anderen vertrauten Person durchführen oder professionelle Unterstützung von Coaches oder Psychologen in Anspruch nehmen.

Notiere, wenn du die Übung für dich machst, anschließend die Erkenntnisse in deinem Notizbuch und überlege, wie du konkrete Verbesserungen der Situation herbeiführen kannst. Was würde dich entlasten? Wie kannst du mehr Freiraum für dich und deine Bedürfnisse schaffen oder auch Nähe? Mit wem musst du sprechen, um etwas zu verändern?

In meinem Podcast und auf dem Youtube-Kanal spreche ich immer wieder über dieses Thema und gebe viele Tipps. Vielleicht hörst und schaust du mal rein und lässt dich inspirieren. Bestimmt kann dir das weiterhelfen auf deinem Weg zum Glück – das ist mein Wunsch für dich.

Selbstbestimmung ist ein wichtiger Faktor für ein Leben im Einklang mit den eigenen Bedürfnissen. Die heutige Zeit bietet uns viele Optionen, die Frauen – unabhängig von einem männlichen Versorger – ermöglichen, den eigenen Weg zu gehen. Wenngleich eine erfüllte Partnerschaft natürlich wunderschön sein kann und wichtig, so sollte sie es auch ermöglichen, selbstbestimmt zu bleiben. Idealerweise schwingen beide Partner diesbezüglich auf der gleichen Wellenlänge. Eine Beziehung, in der wir manchmal oder gar ständig für unsere Bedürfnisse kämpfen müssen, tut uns nicht gut.

Leben in deinem Zyklus

Da wir nun im dritten Schritt deine Energie in Balance bringen und steigern wollen, ist auch folgender Aspekt interessant: der weibliche Menstruationszyklus. Hast du dich schon mal näher damit beschäftigt? Unser Zyklus begleitet uns über viele Jahrzehnte und unterliegt Monat für Monat verschiedenen hormonellen und körperlichen Veränderungen. Experten sprechen von vier Phasen, die man mit innerem Frühling, Sommer, Herbst und Winter beschreiben kann.

Im inneren Winter – während der Periode – wünschen wir uns oft Zeit für uns selbst. Wir ziehen uns zurück, machen es uns gemütlich. Im folgenden inneren Frühling, wenn das Ei heranreift, fühlen wir uns auch wie im jahreszeitlichen Frühling extrovertierter, gehen unter Menschen, sind aktiver. Das steigert sich dann bis zum inneren Sommer, der Zeit unseres Eisprungs, wo die Unternehmungslust ihren Höhepunkt erreicht. Danach folgt der innere Herbst. Damit einher geht wieder ein steigendes Bedürfnis nach Rückzug und innerer Einkehr.

Achte einmal bei deinem eigenen Monatszyklus auf diese Veränderungen. Spürst du sie? Wenn möglich, versuche, entsprechend der Signale deines Körpers zu handeln. Zwing dich zum Beispiel nicht, auf eine Party zu gehen, wenn dein inneres Bedürfnis in der Herbst- oder Winterphase eigentlich Rückzug wäre. Plane deine Hochzeit lieber für den inneren – vielleicht auch den äußeren – Frühling oder Sommer, denn dann bist du in einer passenden Stimmung.

Falls du dich in den Wechseljahren befindest, achte auch hier auf deine körperlichen und seelischen Bedürfnisse! Hormonumstellungen sind wie eine Achterbahnfahrt, und wir müssen gut auf uns aufpassen, um im Gleichgewicht zu bleiben.

Die Kenntnis dieser Etappen schenkt dir die Möglichkeit, besser auf dich und deine Bedürfnisse zu achten. Wenn du im Einklang mit deinen körperlichen und emotionalen Bedürfnissen lebst, bist du insgesamt viel ausgeglichener und produktiver.

Was nährt dich wirklich?

Wenn wir unsere Energie anheben wollen, müssen wir uns auf das konzentrieren, was uns wirklich nährt. Also nicht nur physisch, sondern vor allem seelisch und emotional. Das heißt, wir müssen schauen, was uns Kraft gibt, und all das weglassen, was uns Kraft und Energie raubt.

Schau dir mal deinen Freundeskreis an. Bestimmt gibt es Menschen, die dich gernhaben und für dich da sind, wenn du in Not bist. Vielleicht gibt es aber auch einige Menschen, für die du oft da bist, während du umgekehrt nicht unbedingt auf sie zählen kannst. Ein typisches Dilemma, das viele warmherzige Frauen kennen. Wen und was empfindest du als nährend in deinem Leben? Welche Tätigkeiten geben dir Kraft und Energie?

Mich nährt es, mich kreativ zu betätigen. Das macht mir Freude und schenkt mir Energie. Mich nährt auch mein Glaube, das Wissen um eine höhere Macht, die uns leitet und auf uns aufpasst. Mich nährt es auch, mich mit Menschen zu treffen, mit denen eine ausgeglichene Beziehung besteht. Mich nährt die Freude an den schönen Dingen des Lebens und mich nährt es, in der Natur zu sein. Von gutem Essen fühle ich mich genährt und von der Liebe zu vielen Menschen.

Jetzt bist du dran: Nimm dein Notizbuch und notiere, was du als nährend empfindest in deinem Leben. Was lässt dich auftanken, wohlfühlen, was macht dich satt und zufrieden?

Im Einklang mit Körper und Seele

Neben den äußeren Faktoren, die uns nähren, können wir auch immens viel Kraft aus unserem Inneren schöpfen. Die meisten Menschen sind sehr in der äußeren Welt beschäftigt. Da schließe ich mich selbst ein. Die äußere Welt ist das, was uns tagtäglich als Realität erscheint: Wir haben Termine einzuhalten, unseren Lebensunterhalt zu verdienen und Verpflichtungen in der Familie zu erfüllen. Wir sind meist so beschäftigt in der äußeren Welt, dass wir gar nicht mitbekommen, was unsere innere Welt uns mitteilen möchte.

Manchmal richten wir uns so viel mehr nach der äußeren Welt und vernachlässigen unsere Seele, dass unser Inneres oder unser Körper uns Signale schickt. Unsere Psyche reagiert dann mit Angst, Depression oder anderen Symptomen, und unser Körper erkrankt. Wir bekommen vielleicht Tinnitus, Schlafstörungen oder Magen-Darm-Probleme, weil wir zu viel hinuntergeschluckt haben.

Ich glaube, dass die meisten Menschen eine Lernaufgabe im Leben haben, die sie durch Schwierigkeiten hin zu persönlichem Wachstum führen möchte. Als Ratgeberautorin gehöre ich selbst auch dazu. Ich kenne das Gefühl von Angst, das mich immer mal wieder heimsucht und durch das ich angefangen habe, mich mit Spiritualität zu beschäftigen. Viele Menschen leiden an Ängsten – in der einen oder anderen Form.

Da gibt es die überforderte Mama, die in der Kur zu sich findet und zu ihren eigenen Bedürfnissen. Oder eine Frau mit einer chronischen Erkrankung, die durch diese Krankheit lernt, sich gut um sich selbst zu kümmern. Jeder Lebensweg ist unterschiedlich. Die Intensität der Probleme und die Herausforderungen sind auch verschieden. Doch uns eint, dass wir sie haben.

Während wir durchaus auch im Außen Kraft schöpfen können, durch liebe Menschen, Aktivitäten, in der Natur oder unseren Partner oder Kinder, besitzen wir in uns selbst die größte Kraftquelle. Wir sind verbunden mit einer höheren Weisheit, die uns jederzeit versorgen möchte mit all der Kraft und Liebe, die wir für unseren Lebensweg brauchen. Zugang dazu finden wir in der Stille, wenn wir alle äußeren Reize ausblenden und uns wirklich uns selbst zuwenden. Und sei es nur für 20 Minuten am Tag.

Allerdings macht Stille viele Menschen nervös. Tausend Gedanken wirbeln durch den Kopf und von dem selig lächelnden, in sich ruhenden, weisen Buddha sind die meisten Frauen erst mal meilenweit entfernt. Es braucht viel Übung und auch eine Methode, die uns persönlich behagt, um den Weg nach innen zu finden. Für manche sind das geführte Meditationen, für andere regelmäßige Yogaübungen. Ich selbst habe keine gleichbleibende Meditationspraxis, doch ich habe Verschiedenes ausprobiert: Es tut mir beispielsweise sehr gut, im Liegen meinen Kopf zu halten oder eine Hand auf den Bauch zu legen und zu ruhiger Musik zu entspannen. Die eigenen Hände auf den Körper zu legen an Stellen, an denen es guttut, wirkt sehr entspannend. Auch die Kundalini-Meditation, bei der man zu einer bestimmten Musik erst den Körper schüttelt und anschließend tanzt, dann in Stille sitzt und schließlich liegt, kann ich sehr empfehlen.

Ein großes Vorbild von mir ist die Autorin Louise Hay, Autorin des Buches »Wahre Kraft kommt von innen«. Als Jugendliche erkrankte sie an Krebs, daraufhin beschäftigte sie sich intensiv mit ihren dahinterliegenden emotionalen Themen. Sie gesundete schließlich und wurde zur gefeierten spirituellen Autorin. Bis ins hohe Alter lehrte sie Selbstliebe und Selbstfürsorge und blieb eine strahlende Inspiration für Tausende von Lesern auf der ganzen Welt.

Nicht nur die Stille schenkt uns Kraft, sondern auch das Gebet und der Glaube. Das muss nicht im Sinne einer Religion verstanden werden; ich meine das hier völlig konfessionsunabhängig. Wenn wir uns im Gebet mit der Kraft verbinden, die größer ist als wir selbst, und diese um Hilfe und Beistand bitten, können wir sie erhalten. Das ist meine Erfahrung. Wenn du innerlich Gott, eine höhere Macht oder das Universum fragst, was du tun sollst, bekommst du stets eine Antwort. Gemäß dem Spruch »Hilf dir selbst, dann hilft dir Gott«, wirst du zudem umso mehr Hilfe bekommen, wenn du selbst aktive Schritte gehst, um deine Situation zu verbessern. Schenke dir die Kraft und Energie, die du für deinen Weg brauchst.

Was tun bei Energie-Tiefs?

Von der Autorin Esther Hicks gibt es eine wertvolle Hilfe, um die eigene Energie zu steigern. Gefühle werden dabei in verschiedene Schwingungsniveaus eingeteilt: Angst und Hass zum Beispiel haben eine sehr niedrige Schwingung. Liebe, Verbundenheit und Vertrauen dagegen befinden sich viel weiter oben auf der Energie-Skala.

Wenn wir uns in einem sehr niedrigen Energie-Zustand befinden, können wir aktiv etwas unternehmen, um unsere Energie zu steigern, zum Beispiel spazieren gehen, etwas Schönes tun, das uns Freude bereitet, oder uns bewusst machen, wofür wir dankbar sind. Gelingt es uns, unsere Aufmerksamkeit auf das Neue zu richten und unser Energie-Level dadurch eine Stufe anzuheben, erweitert sich unsere Wahrnehmung, und wir können wieder Licht im Dunkel wahrnehmen. Das ist viel besser, als im negativen Gefühl zu verharren.

Hier geht's zum Glück: Meine besten Tools für mehr Energie

- Spazieren gehen in der Natur
- Mit einer guten Freundin/einem Freund sprechen
- Etwas Kreatives tun
- Kochen, backen und gemeinsam essen
- Beten oder meditieren
- Sich gegenseitig umarmen

Schau mal, welche der Optionen du persönlich am meisten magst. Mir persönlich hilft es auch, etwas Sinnvolles in meiner Freizeit zu tun, anderen Menschen zu helfen, den Garten zu pflegen, die Wohnung zu putzen. Dadurch fühle ich mich besser, wenn es mir mal nicht gut geht.

Es geht hierbei übrigens nicht darum, berechtigte »dunkle« Gefühle zu überspielen. Trauer zum Beispiel ist ein wichtiges Gefühl, das sich natürlich nicht angenehm anfühlt. Um Abschied zu nehmen, ist es jedoch wichtig, sich mit ihr zu beschäftigen, sie zu spüren und auszuhalten. Gefühle müssen empfunden werden, damit sie gehen können. Aber anstatt darin zu versinken, ist es ratsam, sich bewusst für eine bestimmte Zeit damit zu beschäftigen, etwa eine Stunde am Tag. Dann schaust du, was du von diesem Gefühl gerade brauchst, und handelst entsprechend. Den Rest des Tages kannst du dich dann anderen Aktivitäten widmen und zu deiner Aufmunterung oben genannte Aktivitäten einbauen.

Erkenne deine Essenz und deinen Wert

Kennst du deinen eigenen Wert? Weißt du, was für eine einzigartige und wunderbare Frau du bist? Wenn nicht, dann sage ich es dir an dieser Stelle: *Du bist einzigartig! Alles, was du je erlebt hast, macht dich zu der großartigen und wunderschönen Frau, die du bist.*

Viele von uns sind besser darin, anderen Menschen Komplimente zu machen als sich selbst. Aber Wertschätzung ist nicht nur von außen schön, sondern ebenso, wenn du sie dir selbst schenkst. Schau in den Spiegel und sage dir etwas Nettes! Mach dir das am besten zur regelmäßigen Angewohnheit. Mach dir selbst ein Kompliment, wenn du dich hübsch findest. Sei milde mit dir, wenn du dich schlecht fühlst. Und wie schon beschrieben: Umarme dich selbst und spüre, was das mit dir macht.

Den eigenen Wert zu erkennen ist ein Prozess. Natürlich hat das auch mit deiner Erziehung und deiner Geschichte zu tun: Wenn du liebevolle Eltern hattest, die dich selbstbewusst erzogen haben, hast du auf natürliche Weise deinen Wert widergespiegelt bekommen. Doch nicht alle Frauen hatten dieses Glück, sie lernen erst durch schwierige Erfahrungen, zu wachsen und sich selbst zu schätzen.

Ganz gleich, wo du gerade stehst: Erkenne dich selbst als das wunderbare Wesen, das du bist. Mit Kurven, Ecken und Kanten, mit Schattenseiten und viel Licht.

Jede Frau, jede Seele ist einzigartig. Wir haben alle individuelle Qualitäten, die uns wertvoll machen. Das, was uns persönlich auszeichnet, ist unsere Essenz, unsere ganz individuelle Energie-Farbe. Die Summe deiner Stärken, deines Wesens. Dein persönliches Gesamtpaket.

Manchmal halten Frauen an ungesunden Beziehungen fest, die ihnen nicht guttun, nur um nicht allein zu sein. Behandle dich selbst wohlwollend und mit Liebe, dann wirst du auch in deiner Beziehung nichts anderes tolerieren.

Umgib dich mit wertschätzenden Menschen, beruflich und privat. Niemand muss sich mit weniger zufriedengeben!

Hier geht's zum Glück: Schenke dir täglich die Wertschätzung, die du verdienst

- Lächele dich selbst beim ersten morgendlichen Blick in den Spiegel wohlwollend an. Verdrehe nicht die Augen, weil du zerzaust aussiehst oder Mascara-Reste an den Lidern kleben, sondern schau dich freundlich an. Immerhin hast du die wichtigste Person deines Lebens vor dir. Heute stellst du die Weichen für deinen Tag.

Wenn du Humor hast, sage zu dir: *»Guten Morgen, meine Göttin. Schön, dass du da bist. Jetzt machen wir uns einen tollen Tag!«*

- Setze deine Grenzen! Du musst nicht von allen anderen gemocht werden – das ist auch gar nicht möglich, sondern in erster Linie von dir selbst. Sage »Nein« zu Überstunden, die dir zu viel sind, und grenze dich ohne schlechtes Gewissen von Menschen und Umständen ab, die dir nicht guttun. Nein, du wirst dadurch nicht plötzlich tot umfallen, sondern dir innerlich auf die Schulter klopfen! Man wird dich vielleicht nicht dafür lieben, aber mehr respektieren, als wenn du zu allem »Ja und Amen« sagst.
- Manchmal überlegen Frauen stundenlang, was andere denken könnten oder ob sie möglicherweise etwas falsch gemacht haben. Eine zeitverschwendende Angewohnheit, die Männer, meiner Beobachtung nach, eher selten haben. Sie hilft nämlich auch nicht. Denn erstens wissen wir nicht, was andere Menschen wirklich denken und warum sie das tun, schließlich haben sie ihre eigene Geschichte, ihre eigenen Sorgen und Gedanken. Zweitens bist auch du nur ein Mensch, der Fehler machen oder auch mal etwas Blödes tun darf. Falls du diese Angewohnheit kennst, sage dir: *»Ich liebe mich so, wie ich bin.«*
- Ergänze deine abendliche Schreibroutine um die Frage »Bin ich heute gut mit mir selbst umgegangen?« und notiere, was dir dazu einfällt. Das schärft den Blick für diesen Aspekt im Alltag.
- Wähle ein schönes Schmuckstück, zum Beispiel eine Halskette mit Anhänger, einen Ring oder ein Armband – als Anker für deine Selbstwertschätzung. Es erinnert

dich immer, wenn du es berührst, an die Wichtigkeit der Selbstliebe. Wie ein Versprechen, das du dir selbst gibst.

- Frage dich, was dich bislang daran gehindert hat, deinen eigenen Wert zu schätzen. Oft sind es fest verankerte Glaubenssätze aus Kindertagen, die sich von den Eltern, Erziehern, Lehrern, Trainern manifestiert haben. Sätze wie *»Ich bin nicht gut/fleißig/schön genug«*, die einfach nicht der Wahrheit entsprechen und die du in die Wüste schicken und aus deinem Leben verbannen solltest.
  Ersetze sie ab sofort durch Sätze wie *»Ich bin genauso richtig, wie ich bin«*, *»Ich mag mich«* oder sogar *»Ich liebe mich«*.

4. Schritt:

Deine Neuausrichtung

Und es kam der Tag, da das Risiko,
in der Knospe zu verharren, schmerzlicher
wurde als das Risiko zu blühen.

Anaïs Nin

Während ich diese Zeilen schreibe, liegt draußen eine weiße Schneedecke. Manche Pflanzen auf meinem Balkon haben bereits Knospen und sind von einer weichen Haube aus Schnee umhüllt.

Werden sie im Frühjahr blühen? Hm, vielleicht.

Im Gegensatz zu den Pflanzen können wir uns bewusst dafür entscheiden! Es wäre doch schade, das ganze Leben als Knospe, sozusagen unter Verschluss, zu verbringen, wenn du mit deinen wunderbaren Blüten die Welt verschönern kannst. Der natürliche Prozess des Wachsens und Blühens möchte komplett stattfinden. Das ganze Leben als Knospe zu leben wäre doch langweilig.

Eine Raupe möchte auch irgendwann zum Schmetterling werden und raus aus ihrem Kokon – das ist das Besondere!

Also verschiebe deine Wünsche nicht länger auf später. Wer weiß, vielleicht ist dann wieder irgendetwas anderes wichtiger. Entscheide dich heute dafür, dich zu entfalten, nach außen zu bringen, was in dir ist und gelebt werden möchte.

Auf Gedanken Taten folgen lassen

Wir wollen nachhaltige Veränderungen. Und dafür braucht es konsequente Taten, die auf dein Ziel ausgerichtet sind. Nachdem wir im ersten Schritt dein Leben aufgeräumt haben, du dir im zweiten Schritt klargemacht hast, was du wirklich willst, und seit der Lektüre von Schritt 3 deine Energie steigerst, geht es nun im vierten Schritt darum, ins Tun zu kommen. Denn was nutzt alle Theorie, wenn sie nicht umgesetzt wird.

Außerdem gebe ich dir effektive Tools zur Motivation und Manifestation an die Hand, um deine Wirklichkeit neu zu gestalten.

Ich zitiere gerne den Dichter Erich Kästner: *Es gibt nichts Gutes, außer man tut es!* Bewusste Veränderung geschieht von innen nach außen. Gut, manchmal passiert auch etwas Unvorhergesehenes, woran du dich anpassen musst: Deine Firma löst sich auf, du verlierst deinen Job, jemand wird krank, du verliebst dich in einen anderen Mann oder, vielleicht noch unangenehmer, dein Mann in eine andere Frau. Dann musst du wohl oder übel Wege finden, wie du mit der neuen Situation klarkommen kannst. Aber wir suchen ja bewusst die Veränderung, die wir in den bisherigen Kapiteln erarbeitet haben! Nun wollen wir dafür den idealen Boden bereiten und anfangen, die zarten neuen Pflänzchen dort hineinzusetzen, zu gießen, zu düngen und zum Wachsen zu bringen.

Auch wenn etwas Unvorhergesehenes passiert, versuche, auf deinem Weg zu bleiben und weiterzugehen!

Je klarer deine innere Ausrichtung ist und je mehr du diese täglich pflegst, desto selbstverständlicher wird auch das Außen dich darin unterstützen und dir früher oder später die entsprechenden Resultate liefern.

Erschaffe dein passendes Umfeld

Ein passendes persönliches und menschliches Umfeld ist sehr unterstützend auf dem Weg in das Leben, das du wirklich willst. Hast du Freunde um dich, die dich verstehen und die deine Absichten unterstützen? Die dir wünschen, dass du deine Ziele verwirklichst, glücklich, erfüllt und erfolgreich bist und selbstbewusst deinen Weg gehst?

Wenn das (noch) nicht der Fall ist, wird es Zeit, das nun zu ändern. Weiter vorne in diesem Buch ging es um Energiefresser, von deren Einflüssen du dich befreien solltest. Falls du zum jetzigen Zeitpunkt immer noch solche Menschen und Dinge um dich hast, gilt es spätestens jetzt, Abstand zu nehmen. Auch wenn es sich bei diesen Personen um Verwandte oder Nahestehende handelt, bei denen es schwerfällt, sich zu distanzieren, solltest du einen gangbaren Weg für dich finden, um dich auf gesunde Weise abzugrenzen.

Durch das Aufräumen und Loslassen, das du im ersten Teil des Buches praktiziert hast, bist du gestärkt worden und hast Platz geschaffen für Neues in deinem Leben, auch für neue Menschen. Vielleicht lernst du bei einer Fortbildung gleichgesinnte Frauen kennen, mit denen du dich zusammentun kannst, oder auf einem anderen Weg treten neue Menschen in dein Leben. Heutzutage ist es leicht, über Online-Portale und kulturelle Initiativen Menschen kennenzulernen.

Schau immer darauf, wer und was deine Energie anhebt und stärkt.

Gruppen, in denen sich Menschen zusammenfinden, um sich bei ihren Interessen, Hobbys, Zielen zu unterstützen, bergen großes Potenzial. Ob es sich dabei um Selbsthilfegruppen, Lerngruppen, Abnehmkurse oder Sportkurse handelt, ist ganz egal – die gemeinsame Motivation potenziert die Absicht der Einzelnen. Eine Gruppe ist somit mehr als die Summe ihrer Teile. Und das geteilte Anliegen schweißt zusammen.

Sehr in Mode gekommen, um sich in beruflicher Hinsicht zu unterstützen, sind sogenannte Mastermind- oder Erfolgsteam-Gruppen. Dort schließen sich Frauen mit ähnlichen beruflichen Zielen zusammen, um sich gegenseitig auf dem Weg dorthin zu motivieren und zu stärken. Ein passender Satz des amerikanischen Motivationstrainers Jim Rohn lautet: »Du bist der Durchschnitt der fünf Menschen, mit denen du die meiste Zeit verbringst.«

Sicherlich haben diese fünf Menschen Einfluss auf uns und prägen uns, allen voran unsere Eltern, mit denen wir aufgewachsen sind. Dennoch sind wir in meinen Augen viel mehr als ein Produkt unserer Umwelt. Auch diese wechselt und die fünf Personen ebenfalls. Und wir selbst bringen unsere eigene Essenz mit ein.

Jederzeit steht es uns frei, unser Umfeld zu verändern. Wir können selbst wählen, mit welchen Menschen wir uns umgeben und wann und wie viel unserer kostbaren Zeit wir ihnen schenken. Wir können den Arbeitsplatz wechseln, in eine neue Wohnung ziehen oder uns von unserem Partner trennen – all das liegt in unserer Hand.

Zugegeben, manchmal scheint so eine Veränderung nicht leicht zu sein. Ein Eheversprechen hält dich vielleicht in einem Familiensystem fest, ein Vertrag bindet dich an einen Geschäftspartner. Den Job, die Chefs und das Team kannst du nicht einfach so hinter dir lassen, denn dadurch finanzierst du dich ja. Dennoch basieren diese Umstände auf Entscheidungen, die du selbst mal getroffen hast und die du selbst auch wieder verändern kannst.

Wir sind nicht arme Opfer irgendwelcher Umstände, sondern besitzen die Kraft, zu ändern, was sich nicht mehr richtig anfühlt. Idealerweise wächst man natürlich gemeinsam mit den Menschen, die einem nahestehen. Manchmal bringt einem das Leben aber auch neue Menschen und neue Umstände, die zu dieser Wegetappe passen und uns dabei unterstützen, weiterzugehen.

Wenn du deine eigene Energie auf ein neues Level bringst und dein Leben positiv verändern möchtest, stell dir folgende Fragen:

- Welche Menschen passen zum Leben, das du wirklich willst?
- Wie ist die Energie der Umgebung, die du wirklich willst?
- Was fällt dir generell ein zum Umfeld, das du dir wirklich wünschst?
- Wo halten sich gleichgesinnte Menschen auf?
- Wie kannst du mit diesen in Kontakt treten?

Verlasse dich stets auf deine Intuition, wenn es um die Veränderung verschiedener Komponenten deines Umfelds geht, sei es um Menschen oder Umstände. Deine innere Weisheit, der Kompass deines Herzens weiß, wer und was gut für dich ist und wohin die Reise gehen soll.

Ich hatte immer die Sehnsucht, mehr Menschen kennenzulernen, die sich auch für persönliche Entwicklung und Spiritualität interessieren. In meinem Freundeskreis waren lange Zeit kaum Persönlichkeiten, die sich dafür begeisterten. Mit Anfang 30 landete ich dann durch einen Tipp in einem Kölner Meditationszentrum, in dem die verschiedensten Gruppen angeboten wurden. Ich nahm an einigen Programmen teil und assistierte bei anderen Kursen, denn die Tatsache, unter Gleichgesinnten zu sein, tat mir richtig gut. Mein Umfeld wandelte sich, sodass ich mehr Menschen mit ähnlichen Interessen um mich hatte. So wurden mehr Nähe, tieferer Kontakt und Austausch möglich. Das hat mein Leben sehr bereichert.

Erfolgreich visualisieren und manifestieren

Es gibt ein paar effektive Methoden, um deine Ziele zu visualisieren und zu manifestieren. Wichtig ist, dass du deine erwünschte Realität bereits innerlich vor Augen hast. Du musst innerlich spüren, wie du leben möchtest, und es bereits in deiner inneren Welt erleben. Nachfolgend stelle ich dir einige effektive Methoden vor, die dir bei regelmäßiger, am besten täglicher Nutzung helfen können, die Verwirklichung deines Wunschlebens zu beschleunigen.

Hier geht's zum Glück: Methoden

Dein Visionboard

Eines der wichtigsten Instrumente, das du täglich stets vor Augen haben solltest, ist dein Visionboard. Weiter vorne im Buch habe ich dieses Tool bereits angesprochen. Du schneidest Bilder und Überschriften aus Zeitschriften und Magazinen und nimmst Fotos – oder was auch immer dir gefällt – zur Hand und klebst sie auf eine große Pappe oder Leinwand. Alle Bilder sollen dein Wunschleben in Zukunft zum Ausdruck bringen, als wäre es bereits die Realität. Du kannst ein Bild deines Traumhauses darauf kleben oder ein glücklich verliebtes Paar als Symbol für deinen Wunsch nach einer glücklichen Beziehung. Du kannst das Bild eines Buches mit deinem Namen darauf kleben, wenn es dein Wunsch ist, ein eigenes Buch zu schreiben. Vertraue deiner Intuition! Alle Ideen, die dir kommen, sind richtig. Wichtig ist, dass es dein ganz persönliches Visionboard wird, das du gerne anschaust und dabei gute Gefühle empfindest.

Hänge es gut sichtbar an einer Stelle bei dir zu Hause auf, wo du es regelmäßig betrachten kannst, zum Beispiel über dem Bett oder dem Schreibtisch. Betrachte es oft am Tag und genieße deine guten Gefühle dabei. Jeder Blick auf dein Visionboard wird die Vorstellung deines Wunschlebens verstärken.

Affirmationen

Affirmationen sind formelhafte Sätze, die dein Ziel in der Gegenwartsform zum Ausdruck bringen. Du kannst zum Beispiel zu dir sagen:

Ich fühle mich mit jedem Tag besser.

oder

Ich bin voller Vertrauen.

oder

Meine Gesundheit verbessert sich täglich.

Affirmationen können dazu beitragen, die gewünschten Zustände schneller herzustellen, indem du sie bereits jetzt als Realität bekräftigst. Dabei ist aber wichtig, dass du nichts formulierst, was zu weit hergeholt klingt. Wenn du 90 kg wiegst und 30 kg abnehmen möchtest, ist es unrealistisch, dir zu bestätigen: *Ich wiege 60 kg.*

Du könntest aber stattdessen sagen: *Ich nehme jeden Tag an Gewicht ab* oder: *Zum Zeitpunkt x wiege ich 60 kg.*

Achte bei der Auswahl deiner Affirmationen darauf, dass du dich damit wirklich verbunden fühlst. Du kannst dir deine Affirmationen regelmäßig aufsagen oder aufschreiben, sie singen oder dir aufmalen, sei kreativ, sicher kommen dir gute Ideen dazu, die für dich richtig sind.

Wie lauten deine Affirmationen für das Leben, das du dir wirklich wünschst? Notiere sie hier:

....

....

....

....

....

....

....

Denk dir eine Haupt-Affirmation aus, die möglichst einfach gehalten sein sollte und die dein wichtigstes Ziel auf den Punkt bringt.

Beispiele:

Ich bin erfolgreiche Unternehmerin.

Ich lebe in einer glücklichen Partnerschaft mit einem tollen Mann.

Ich genieße mein Leben jeden Tag.

Dann arbeite bewusst mit dieser Affirmation zu verschiedenen Gelegenheiten und Tageszeiten. Wenn du aufwachst, konzentriere dich eine Weile mit geschlossenen Augen auf deine Affirmation. Fühle sie, verinnerliche sie. So setzt du den Startschuss für diesen Tag, an dem sie dich begleiten wird. Schreib dir deine Affirmation auf einen Zettel und hänge dir diesen an die Pinnwand. Oder schreib sie einfach mehrmals hintereinander auf. Singe sie beim Autofahren. Male sie und schmücke sie aus. Nutze sie auf jede erdenkliche Art, die dir einfällt, und genieße das gute Gefühl, das sich dabei einstellt!

Magic Mantras

Ein Mantra sind Worte, Sätze oder Gesänge, die deinen Zielzustand zum Ausdruck bringen. Ich empfehle dir hier, dich auf ein einziges Wort zu konzentrieren. Es könnte lauten:

Gesundheit, Vertrauen, Glück, Liebe oder *Erfüllung.*

Wie eine Affirmation kannst du dir dieses Wort immer wieder selbst vorsagen, singen, schreiben oder kreativ aufmalen. Genieße das gute Gefühl dabei und wie sich diese Qualität in dir ausbreitet. Du kannst auch meditieren und dabei das Wort innerlich immer wiederholen, oder du bastelst dir eine Collage mit dem Wort und umgibst es mit Bildern, die für dich diese Qualität verkörpern.

Wie lautet dein Magic Mantra für dein Wunschleben? Notiere es hier:

....

....

....

....

....

....

....

Welche Methoden zum Visualisieren und Manifestieren deiner Ziele wirst du jetzt täglich nutzen? Je mehr sie zu deinem Ritual werden, desto mehr werden sie dich unterstützen und ihre Wirkung entfalten.

Und, Action!

Jetzt geht es darum, konkrete Schritte in Richtung deines erwünschten Lebens festzulegen und einzuleiten. Sehr hilfreich dabei ist eine konkretere Zeitplanung. Im zweiten Teil des Buches hast du deine Vision aufgeschrieben. Jetzt wollen wir diese Ziele auf einer Zeitlinie einordnen und die Schritte festlegen, die notwendig sind, um diese Ziele zu erreichen.

Deine Timeline für die nächsten drei Jahre

1 · · · · · · · · 2 · · · · · · · · 3

Nimm dir nun deine Ziele aus Schritt 2 zur Hand und male eine Timeline auf ein großes Blatt Papier. Lade deine Intuition ein, zu dir zu sprechen, und ordne deine Ziele ungefähr, oder auch so konkret du magst, der Timeline zu. Wann möchtest du was verwirklichen? Direkt am Anfang oder im zweiten Schritt? Was ist die Kür und passt in das dritte Jahr?

Bastele eine zeitlich gut und realistisch durchdachte Vision.

Dabei rate ich dir, stets offen zu sein für »noch bessere Möglichkeiten«, die das Universum möglicherweise parat hält und die das höchste Wohl aller Beteiligten berücksichtigen.

Mach die nächsten Schritte für dich sichtbar

Nimm dafür einen langen Wollfaden und hefte mit Wäscheklammern Zettel mit deinen Zielen daran. Die Abstände dazwischen können in etwa die Zeiten symbolisieren. Wenn du etwas erreicht hast, kannst du den Zettel mit einer Farbe markieren oder mit einer farbigen Wäscheklammer versehen.

Wie fühlt es sich für dich an, jetzt so einen konkreten Plan vor Augen zu haben? Je klarer deine innere Realität deiner erwünschten Zukunft ist und je detaillierter du sie vor Augen hast und täglich bekräftigst, desto eher wirst du sie manifestieren und in die Tat umsetzen können.

Deine persönliche Timeline kannst du gut sichtbar aufhängen. Der Erinnerungseffekt an deine Zukunftsvision ist ähnlich wie bei einem Visionboard.

Natürlich können wir nicht alles so perfekt planen und umsetzen, wie wir uns das zum Zeitpunkt X denken. Denn manchmal kommt das Leben selbst mit unvorhergesehenen Ereignissen dazwischen oder es hat andere Pläne für dich.

Genieße dennoch das gute Gefühl, Pläne zu machen, die deinen Herzenswünschen entsprechen. Schwelge in deiner Vision. Bestimmt kommen dir dabei Details in den Sinn.

Als Nächstes wollen wir deine unterschiedlichen Ziele in drei Etappen einteilen:

Erinnerst du dich an die Dreiteilung beim Aufsatz in der Schule von Einleitung, Hauptteil, Schluss? Das kann auch hier ein gutes Muster sein. Wenn du zum Beispiel für die nächsten Jahre die Visionen hast, dich einerseits beruflich selbstständig zu machen und daneben eine Partnerschaft zu festigen oder eine Familie zu gründen, kannst du dir die dafür notwendigen Schritte unter den folgenden drei Punkten vor Augen führen:

Start — Weitergehen — Feinschliff

Stell dir für jede der drei Phasen die Fragen: Was brauche ich für den jeweiligen Schritt? Wer kann mir helfen?

Im Folgenden skizziere ich exemplarisch einige Beispiele.

Vision 1:
Beruflich von der Festanstellung in die Selbstständigkeit wechseln

Start:

- Reduzieren des Angestellten-Jobs von Vollzeit auf Teilzeit
- Nebenberufliche Aufnahme selbstständiger Tätigkeiten
- Netzwerken in der Region
- Erstellen einer eigenen Website usw.

Was brauche ich jetzt/als Nächstes? Wer kann mir helfen?

Gespräche mit Vorgesetzten, Formalitäten (z. B. Gewerbeanmeldung), Businessplan, Räumlichkeiten, Webdesigner

Weitergehen:

- Start in die Vollzeit-Selbstständigkeit
- Kontakte vertiefen
- Kundenstamm etablieren

Was brauche ich jetzt/als Nächstes? Wer kann mir helfen?

Mastermind-Gruppen, staatliche Förderung, Kooperationspartner, Akquise, Werbung zur Sichtbarkeit

Feinschliff:

- Weiterbildung
- Werbemittel
- Neue Projekte
- Evtl. Expansion (neue Räumlichkeiten, Mitarbeiter einstellen)
- Kooperationspartner

Was brauche ich jetzt/als Nächstes? Wer kann mir helfen?

Neue Mitarbeiter, Karrierecoaching, Mentoring

Vision 2: Neuanfang in einer anderen Stadt

Start:

- Erste Orientierung (Stadt, Region, Möglichkeiten)
- Arbeitsmarkt prüfen, Jobsuche
- Wohnungsmarkt prüfen, Wohnung mieten und einrichten

Weitergehen:

- Netzwerken/Kontakte knüpfen
- Freizeitaktivitäten gestalten (Kirchengemeinde, Vereine, Kursangebote)

Feinschliff:

- Freundeskreis festigen
- Wurzeln schlagen
- Evtl. Partnersuche/Familiengründung

So, nun hast du dein Zuhause aufgeräumt und ausgemistet, du hast emotional geklärt, was geklärt werden wollte, und du hast eine Vision formuliert. Du bist fleißig dabei, täglich deine Energie zu steigern, und hast jetzt einen konkreten Plan vor Augen, wie du deine Vision umsetzt. Im Folgenden möchte ich dir einige hilfreiche Methoden an die Hand geben, die dir Step by Step beim konkreten Umsetzen deiner Ziele helfen sollen.

Generell solltest du dir für alle deine Ziele einen Plan erstellen, was du für ihre Erreichung tun musst. Denn nur vom Wünschen, Planen und Visualisieren allein passiert meist herzlich wenig.

Überlege, recherchiere und plane nun, welche Schritte anstehen, damit du deine Ziele A, B, C erreichst. Schreib sie auf!

Als ich zum Beispiel begann, die Möglichkeiten der Veröffentlichung für mein erstes Buch zu prüfen, habe ich mich von meiner Intuition leiten lassen und bin folgende Schritte gegangen:

Zunächst habe ich mir einen Ratgeber über Sachbücher besorgt. So lernte ich, wie man ein Exposé verfasst, wie man seine Buchidee beschreibt und vorstellt, wie man sich nach möglichen Verlagen umschaut und wie man schließlich sein Buchprojekt einem Verlag anbietet. Genau diese Schritte habe ich befolgt und dadurch einen passenden Verlag für das erste und meine folgenden Bücher gefunden, dessen Credo mit meinen Werten übereinstimmt und super zu mir passt.

Bleib entspannt, wenn dir noch nicht alle Schritte im Einzelnen klar sind, manche werden sich mit der Zeit ergeben, und du kannst sie dann immer noch notieren. Dein Plan darf durchaus flexibel sein und sich verändern.

Jetzt ist die Macherin in dir gefragt!

Hast du einen Kalender, in den du jeden Tag schaust? Wenn ja, wunderbar! Egal, ob du einen klassischen Kalender aus Papier besitzt, den du in deiner Handtasche dabeihast, oder einen, der auf deinem Schreibtisch liegt oder in deiner Küche hängt, trage deine To-dos für deine Ziele auch hier ein. Gleiches gilt für digitale Kalender im Handy oder Computer. So bekommt deine Vision einen realistischen Rahmen.

Beispiele:

Bis Ende Mai – Homepage fertigstellen

Bis Ende August – Makler beauftragen zur Immobiliensuche

Bis Jahresende – Manuskript fertig schreiben

Die männliche und die weibliche Seite

Wir alle haben eine männliche und eine weibliche Seite in uns, egal, ob wir ein Mann oder eine Frau sind. Die weibliche Seite besitzt intuitive, kreative, rezeptive und emotionale Qualitäten. Als du deine Vision formuliert hast, warst du vermutlich vorwiegend in einer weiblichen Energie und hast deine Ideen »empfangen«. Die männliche Seite hingegen ist aktiv, handelnd und am Tun ausgerichtet. Das heißt, dein Aktionsplan und die konkreten Handlungsschritte, die du jetzt formulierst und in der Zukunft umsetzt, sind eher von männlicher Qualität.

Stell dir ein Paar vor. Eine feminine, kreativ und intuitiv begabte Frau und ihr starker Mann, der ihr Halt gibt und tut, was getan werden muss. Er geht zum Beispiel Holz hacken, damit geheizt werden kann und beide es warm haben. Dieses Beispiel bedient vielleicht ein steinzeitliches Klischee, ist aber in Zeiten der Energiekrise wiederum gar nicht so weit hergeholt.

Jetzt kommt die gute Nachricht: Du trägst dieses tolle Paar – die zarte, kreative Frau und den starken, Holz hackenden Mann in dir selbst! Stets können beide in dir in Aktion treten oder auch jeweils einer von beiden. Achte mal darauf, in welchen Situationen welcher Anteil von dir aktiv ist.

Wie stark sind dein innerer Mann und deine innere Frau in

dir ausgeprägt? Denk an das Yin- und Yang-Zeichen – idealerweise befinden sich beide Qualitäten im Gleichgewicht, auch wenn mal die eine oder andere Seite vorrangig aktiv ist.

Während du im zweiten Kapitel des Buches beim Formulieren deiner Vision in einer weiblichen und rezeptiven Energie warst, ist jetzt im vierten Teil des Buches mehr die männliche, aktive Seite in dir gefragt. Es ist Zeit, die Ärmel hochzukrempeln!

Folge der Leichtigkeit!

Du hast ja bereits in Schritt 2 des Buches deine Ziele für die nächsten Jahre formuliert. Nun geht es um das aktive Realisieren deines Wunschlebens. Dabei gilt das Motto: »Folge der Leichtigkeit«. Unsere innere Weisheit sagt uns nämlich, wo es langgeht. Wir dürfen ihr vertrauen. Das, was sich gut und richtig anfühlt, ist es meistens auch.

Deshalb gewöhne dir an, stets darauf zu achten, was sich in dir selbst stimmig und richtig anfühlt. Ignoriere diese innere Stimme nicht oder stell andere Meinungen darüber, denn deine eigene innere Stimme weist dir sicher den richtigen Weg. Du bist die Expertin für dein Leben.

Im Folgenden erzähle ich dir zwei Begebenheiten – in der ersten Situation bin ich nicht der Leichtigkeit, also meiner Intuition, gefolgt, in der zweiten schon. Die erste führte zu Schwierigkeiten und schmerzhaften Umwegen, die zweite bescherte mir Freude und Sinnhaftigkeit.

Negativbeispiel:

Ich habe ja hier schon von meiner Trennung vor einigen Jahren erzählt. Ehrlich gesagt, hatte ich schon ein knappes Jahr zuvor das Gefühl verspürt, dass dies nicht der richtige Partner war, mit dem ich meine Zukunft verbringen wollte. Aber ich bin diesem Impuls nicht gefolgt. Dass ich nicht auf meine innere Stimme hörte, hat uns eine schwierige Zeit beschert, die vielleicht hätte vermieden werden können.

Positivbeispiel:

Mit Anfang 30 stellte ich mir die Frage nach meiner Berufung. Ich war ganz zufrieden mit meiner Tätigkeit als Sporttherapeutin, hatte aber das Gefühl, dass mich noch etwas anderes erwartete. Meine Intuition sagte mir, dass es etwas mit Schreiben zu tun haben würde. Ich hatte bereits regelmäßig für ein Sportmagazin Artikel verfasst, doch wollte ich nicht nur über das schreiben, was ich studiert hatte, sondern über das, was mein Herz wirklich bewegte.

So verfasste ich meinen ersten Ratgeber über Gefühle. Beim Schreiben empfand ich so viel Leichtigkeit und hatte gute Ideen und Eingebungen, dass es mich auch spätabends nach der Arbeit noch an den Laptop zog. Ich hatte das Gefühl, dass die Worte einfach durch mich hindurchflossen. Irgendwie hatte das Universum da seine Hände im Spiel!

Feiere und belohne dich!

Wenn du die in diesem Kapitel beschriebenen Techniken anwendest und die Schritte verfolgst, die dir dein Aktionsplan vorgibt, wirst du früher oder später positive Resultate erzielen. Dann ist es wichtig, dich zu feiern, dich selbst für deine Erfolge zu loben und bewusst zu belohnen!

Belohnungen schaffen einen Anreiz, uns noch mehr anzustrengen, um ein Ziel zu erreichen. Der Hund macht »Platz«, weil er weiß, dass er dann ein Leckerchen bekommt. Das Schulkind lernt fleißig für die Klassenarbeit, weil es auf die versprochene Belohnung bei einer guten Note hinfiebert. Wir Frauen freuen uns genauso auf die uns vorschwebende Belohnung, wenn wir uns aktiv eingesetzt und etwas erreicht haben. Das Belohnungszentrum im Gehirn haben wir mit jedem Labrador gemeinsam.

Angenommen, du hast seit Wochen eine Immobilie für dich und deine Familie gesucht und nun endlich das lang ersehnte alte Bauernhäuschen auf dem Land gefunden, von dem ihr immer geträumt habt. Dann hast du ein wichtiges Etappenziel erreicht und darfst dir etwas Schönes zur Belohnung gönnen.

Was könnte das sein? Es ist sinnvoll, die Art deiner Belohnung schon vorher festzulegen, nach dem Wenn-dann-Prinzip:

Hier geht's zum Glück: Belohnungsideen

- ein Wellness-Tag mit der besten Freundin
- ein lang ersehntes Schmuckstück
- ein neues schickes Outfit
- die Handtasche, mit der du schon lange liebäugelst
- ein Theaterbesuch

Halten wir fest:

- Für deine Neuausrichtung musst du dich innerlich immer mehr in den Zustand versetzen, den du in deiner Vision kreiert hast – ganz gleich, ob du heute noch etwas anderes tust oder noch ganz woanders stehst.
- Nutze dazu täglich deine Rituale am Morgen, am Abend, deine Schreibroutine sowie Affirmationen, Magic Mantras und/oder dein Visionboard.
- Fange an, dein Umfeld ganz bewusst zu gestalten. Werde dir klar darüber, mit welchen Menschen du deine Zeit verbringen möchtest, und konzentriere dich auf sie. Lass los, was dich bislang geschwächt hat – Umstände, Tätigkeiten –, und gehe aktiv neue Schritte, um dein Umfeld so zu kreieren, wie du es dir wünschst. Triff neue Menschen, schließe dich Gruppen an, sei offen für Neues, das dich anzieht.
- Eine Timeline, die du notierst, gestaltest oder an einer Schnur aufhängst, sodass du sie vor Augen hast, hilft dir dabei, deine Ziele im Blick zu behalten.

- Geh, deinem Aktionsplan folgend, täglich konkrete Schritte auf dein Ziel zu und belohne dich beim Erreichen deiner Etappenziele. So kommst du gut voran.

Blockaden beim Manifestieren

So überwindest du mögliche Hindernisse.

Du weißt nicht, was du willst?
Vielleicht ist es neu für dich, dich so intensiv mit dir selbst auseinanderzusetzen, und du weißt noch nicht genau, was du eigentlich willst. Vielleicht zerbrichst du dir den Kopf und kommst irgendwie nicht weiter.

Es wird dir dann helfen, aus dem Kopf zu kommen und dich mehr auf das Fühlen einzulassen. Gut geeignet dafür sind kreative Tätigkeiten und Bewegung in der Natur. Lausche dabei nach innen:

- Was fühlt sich für dich leicht und freudig an?
- Was erfüllt dich mit positiven Emotionen und schenkt dir ein Empfinden von Verbundenheit?

Wenn es dir gelingt, dieser inneren Stimme in deinem Leben immer mehr zu folgen und sie als inneren Kompass zu erkennen, wird er dir immer klarere Zeichen schicken, wo deine Lebensreise hinführen soll.

Es klappt nicht so schnell wie erwünscht?
Das Problem kenne ich auch. Der innere Ehrgeiz ist größer als die tatsächlichen Veränderungen. Denk wieder an das Bild des Heißluftballons. Was will noch losgelassen werden, damit du

leichter vorankommst? Je weniger dich in deiner aktuellen Situation physisch und psychisch beschwert, desto mehr Raum schaffst du für Veränderungen und desto schneller können Ergebnisse sichtbar werden. Natürlich sind daraufhin auch die aktiven Schritte wichtig, aber je mehr Altes du losgelassen hast, desto leichtfüßiger wirst du diese gehen können.

Du fühlst dich blockiert?

Wenn dein Veränderungsprozess stockt, kann das verschiedene Ursachen haben. Zum einen kann es an mangelnder Klarheit liegen, wohin sich deine Realität entwickeln soll. Wenn deine Zielvorstellung noch nicht klar genug ist, weiß dein inneres Navi einfach noch nicht, wo es dich hinbringen soll. Folglich bleibt alles, wie es ist, vergleichbar damit, dass du zu Hause bleibst, weil du einfach nicht weißt, wo dein Urlaub hingehen soll.

In diesem Fall gehe tiefer nach innen und arbeite noch intensiver an deiner Vision. Lass, so gut es geht, alles, was dich derzeit beschäftigt, hinter dir und außen vor und verbinde dich in der Stille mit deinem Herzen, mit deinem Inneren. Denn dort liegt die Antwort auf die Frage nach der Zukunft, die deiner tiefen inneren Wahrheit entspricht. Wenn du dieses Bild in dir festigst und nährst, können dich deine innere Kraft und das Leben dort hinführen.

Du hast einfach keine Zeit?

Ja, es mag manchmal so aussehen, als habe man keine Zeit oder Kapazitäten bei all den täglichen Pflichten. Es kann sein, dass deine Energie momentan noch sehr in andere Prozesse eingebunden ist. Möglicherweise hast du durch deinen derzeitigen Job oder deine Beziehung einfach nicht die zeitliche Kapazität, dich deiner Veränderung zu widmen.

In diesem Fall geht es um eine ganz klare innere Ausrichtung und die Erinnerung an dein Versprechen an dich selbst, das du dir früher im Buch gegeben hast.

Etwas hat dich zu diesem Buch greifen lassen, und sei dir gewiss: Wo ein Wunsch und ein Wille ist, ist auch ein Weg! Ich verstehe, dass du momentan vielleicht noch nicht weißt, *wie* genau dein Weg aussieht, aber in kleinen Schritten ist immer Veränderung möglich, wenn man will. Es gibt Alleinerziehende, die sich erfolgreich selbstständig machen und trotz aller vermeintlichen Umstände ihrem Leben eine neue Richtung geben, Familien, die in ein anderes Land ziehen, um sich dort ein neues Leben aufzubauen. Menschen, die nach Jahren eine andere Arbeitsstelle antreten. Sie schaffen das, weil es ihre Vision ist. Das kannst du auch!

Bitte innerlich um Führung für deinen Weg in die Zukunft und folge deiner Intuition, die dir praktische Hinweise schickt. Bedenke, dass deine Lebenszeit begrenzt ist und du die Einzige bist, die für ihre bestmögliche Gestaltung verantwortlich ist.

Lass dein Licht scheinen

Je mehr dein Vertrauen in dich selbst wächst, desto mehr verbindest du dich mit deinem inneren Licht, das scheinen möchte. Wir alle sind mit diesem Licht verbunden, und wenn ein Mensch von innen heraus strahlt, spüren wir es besonders. Das heißt nicht, dass nie mehr dunkle Momente kommen werden. Aber je stärker wir mit unserem inneren Licht verbunden sind, desto besser können wir diese dunklen Momente verarbeiten.

Dein inneres Licht scheint am hellsten, wenn du ganz im Einklang mit deiner Seele lebst, wenn du glücklich bist und die Aufgabe erfüllst, für die du hier bist. Dann rückt alles an seinen Platz.

Mit den vier Schritten in diesem Buch kannst du deinem inneren Licht deutlich näherkommen und es heller scheinen lassen.

Diese Entwicklung bedeutet immer ein Stück Arbeit, die sich aber lohnt und auch später im Leben auf einem neuen Level wieder anstehen kann. Außerdem macht diese Arbeit auch Spaß. Kennst du es, wenn du vor dem Umzug dein Zuhause ausgemistet hast und dich dann so richtig schön befreit fühlst? Automatisch bist du dann klarer – und es entsteht Platz für Neues, das besser zu dir passt.

In meinem eigenen Leben habe ich einige schwierige Zeiten durchgemacht, durch die ich aber anfing zu suchen. So habe ich zur Spiritualität gefunden und zu dem sicheren Wissen, dass wir stets geleitet und geführt sind. Ich weiß, dass wir eine Seele haben und es hinter allem einen höheren Sinn gibt – dass Schwierigkeiten in Wahrheit dazu da sind, um uns wachsen zu lassen und uns dem inneren Licht in uns anzunähern.

Es kann auch sein, dass du schon ganz gut mit deinem inneren Licht in Kontakt bist und glückliche und strahlende Zeiten erlebst, sich dann jedoch Wolken vor die Sonne schieben und du in eine Krise rutschst. Das ist das Leben! Vielen Menschen geht das so. Alte Themen kommen ans Licht, weil sie geheilt werden wollen. Die Welt befindet sich im Wandel, auch als Menschheit stehen wir vor neuen Herausforderungen.

Vielleicht durchlaufen wir gerade solche schwierigen Zeiten, um uns noch mehr mit Gott, dem Universum, dem Licht – oder wie du es auch immer nennst – zu verbinden. Zeiten großer Not sind immer dazu da, um unsere Verbindung damit zu stärken und zu festigen und genauso das Vertrauen in uns selbst. Wenn wir meditieren oder beten, wird unser Draht nach oben gestärkt.

Ich habe die Erfahrung gemacht, dass ich stets unmittelbar Hilfe bekomme, wenn ich bete. An schwierigen Tagen tue ich das mehrmals und verbinde mich ständig mit oben. Egal, ob du christlich geprägt bist oder nicht oder wen du mit deinem Gebet ansprichst, probiere es aus. In herausfordernden Zeiten hat mir das immer am meisten geholfen.

Durch das Dunkel zum Licht

Viele von uns bekommen Lebensthemen mit auf ihren Weg, die schwierig sind, an denen wir aber wachsen dürfen. Das ist der Weg vom Dunkel zum Licht. Wir werden dabei immer mal wieder auf die Probe gestellt und können dadurch noch mehr Leuchten gewinnen. Durch meine Ängste habe ich mich auf die spirituelle Suche gemacht und auf eine Art wieder zu Gott und zum Gebet gefunden.

Als Kind bin ich zwar mit christlicher Erziehung groß geworden, aber als Teenager und junge Erwachsene hatte ich andere Dinge im Kopf. Erst schwierige Zeiten haben mich zurück zum Glauben geführt. Ich habe erlebt, direkt Hilfe zu bekommen, wenn ich um Unterstützung bitte und bete.

Bei dir geht es womöglich um andere Themen und Fragen. Vielleicht leidest du an einer seelischen oder körperlichen Erkrankung. Oft lässt uns erst eine innere Not nach dem Licht suchen. Nicht selten stehen hinter solchen Problemen versteckte Bedürfnisse, die erfüllt werden möchten, zum Beispiel die Sehnsucht nach Nähe oder Freiraum.

Hast du schon mal erlebt, wie es ist, wenn ein Flugzeug nach dem Start durch die Wolkendecke nach oben steigt? Plötzlich wird der Himmel von gleißendem Licht erfüllt, du siehst die Sonne und empfindest ein berührendes Gefühl von Freiheit und Schönheit. So geht es mir zumindest. Interessant ist: Das Licht ist immer da, auch wenn wir uns unter den Wolken befinden und uns aus dieser Perspektive gerade nicht vorstellen können, wie schön und frei es da oben ist. Wir sehnen uns danach, weil wir es vermissen, dabei ist es nie weg.

Auch in uns selbst ist es so. Unser inneres Licht ist immer da, auch wenn es manchmal verdeckt ist oder wir vergessen haben, wie hell es leuchtet. Wir suchen im Außen nach etwas oder jemandem, der uns Licht geben soll, weil wir uns unserer eigenen Verbindung zur Quelle nicht bewusst sind.

Die Lösung ist, zu erkennen, dass wir selbst wieder das Kabel in die Steckdose stecken dürfen, also unsere eigene Anbindung fördern müssen. Dann merken wir, dass wir selbst mit Gott, dem Universum, der Quelle, dem großen Ganzen verbunden sind. Sei dir gewiss, dass du alles in dir trägst, um dir ein glückliches Leben zu erschaffen.

Dieses Buch möchte dich dabei unterstützen. Ich betrachte die vier Schritte als eine Möglichkeit, dir zielgerichtet dabei zu helfen, dein Leben so zu verändern, wie du es dir wirklich wünschst. Dabei geht es nicht um den ultimativen Schlüssel zum Glück, den ich dir verspreche, sondern um vier aufeinanderfolgende Schritte, die du an Scheidewegen in deinem Leben wiederholen kannst.

Viele Frauen müssen immer mal wieder ihren Kleiderschrank ausmisten, auf eine gesunde Lebensweise und ihren Körper achten (denken wir nur an die guten Neujahrsvorsätze!) und neue Ziele formulieren.

Es ist meiner Erfahrung nach auch nicht so, dass, wenn wir uns einmal emotional mit unserer Vergangenheit auseinandergesetzt haben, nie mehr Erfahrungen und Gefühle daraus auftauchen und wir plötzlich völlig frei davon wären. Es geht aber um eine neue, erwachsene Perspektive und die Erkenntnis, dass wir unsere Realität heute selbst gestalten können. Es ist gut, sich Dinge anzuschauen und zu bearbeiten, um im Hier und Jetzt zu leben und den Blick nach vorne zu richten. Dabei bleiben wir, wer wir sind – und dazu gehört auch unsere Geschichte. Idealerweise können gerade schwierige Erfahrungen den Nährboden für die persönliche Entwicklung bilden. Wie bei der Lotusblüte, die im Schlamm gedeiht.

Niemand ist ein unbeschriebenes Blatt Papier, aber es geht darum, aus unserer Vergangenheit herauszuwachsen, uns des Lichtes in uns bewusst zu werden und unsere Talente zum Einsatz zu bringen, um dem Ganzen zu dienen.

Ich sehe das immer auch mit einer Prise Humor. Wir haben alle unsere Baustellen, Höhen und Tiefen im Leben, und ich plädiere für einen authentischen Umgang damit. Die Welt ist nicht so glatt und rosarot wie auf den Plattformen der sozialen Medien. Dennoch haben wir alle die Möglichkeit, uns als Schöpferinnen unseres Lebens bewusst zu werden und unser Glück aktiv in die eigenen Hände zu nehmen. Mögen die vier Schritte in diesem Buch dir dabei helfen und dir den Weg zeigen zu deinen ureigenen Bedürfnissen, deinen Herzenswünschen und deinem Potenzial. Denn unsere Lebenszeit ist so kostbar, wir sollten jeden Tag bewusst leben und nutzen.

Ich wünsche dir viel Erfolg auf deinem Weg! Mach dich selbst zur obersten Priorität, sei dir stets eine gute Freundin und bleib gespannt, was passiert. Ich verspreche dir, dass alle deine Lieben davon profitieren, wenn du dein Leben im Einklang mit deiner Seele führst. Das hast du verdient – und es ist an der Zeit!

Das Universum unterstützt Menschen, die aktiv losgehen und die auch über sich selbst lachen können. Heitere Energie beschleunigt die Verwirklichung all dessen, wonach dein Herz und somit das Herz der Welt verlangt. Und seien wir ehrlich – was die Welt jetzt ganz dringend braucht, ist positive Energie!

Alles Liebe für dich!

Stefanie Carla Schäfer

Literatur

Bernstein, Gabrielle: *Das Universum schenkt dir alles: In 11 Schritten zu einem freien, erfüllten und verbundenen Leben.* München: Arkana Verlag 2020

Hicks, Esther & Jerry: *Ein neuer Anfang. Das Handbuch zum Erschaffen deiner Wirklichkeit.* München: Heyne Verlag 2011

Schäfer, Stefanie Carla: *Gefühle wollen gelebt werden. Entdecke deine Lebendigkeit.* München: Scorpio Verlag 2020

Ware, Bronnie: *5 Dinge, die Sterbende am meisten bereuen. Einsichten, die Ihr Leben verändern werden.* München: Goldmann Verlag 2015